LÉON DE ROSNY

LE TAOÏSME

INTRODUCTION
PAR AD. FRANCK
DE L'INSTITUT

ERNEST LEROUX
ÉDITEUR
1892

BIBLIOTHÈQUE DU BOUDDHISME

ET DES RELIGIONS DE L'EXTRÊME-ORIENT

I

LE TAOÏSME

PUBLICATIONS PHILOSOPHIQUES ET RELIGIEUSES
DE M. LÉON DE ROSNY

La Méthode conscientielle. Essai de philosophie exactiviste. Paris, 1887. — In-8.. 4 »

L'Enseignement de la Vérité, ouvrage du philosophe Kôbaudaïsi, et l'Enseignement de la Jeunesse, publiés avec une transcription européenne du texte original, et traduits pour la première fois du japonais. Paris, 1876. — In-8............... 12 »

Histoire des Dynasties divines, publiée en japonais, traduite pour la première fois sur le texte original, accompagnée d'une glose inédite composée en chinois et d'un commentaire perpétuel rédigé en français. Paris, 1884. — Deux vol. gr. in-8.. 50 »
    Couronné par l'Académie des Inscriptions et Belles-Lettres.

Le Livre sacré de la Piété filiale, publié en chinois, avec une traduction française et un commentaire perpétuel emprunté aux sources originales. Paris, 1889. — In-8 ...... 15 »

Le Livre de la Récompense des Bienfaits secrets, ouvrage taosséiste, traduit sur le texte chinois. Paris, 1856. — In-8... 1 »
    Extrait des *Annales de Philosophie Chrétienne.*

La Franc-maçonnerie chez les Chinois. Paris, 1864. — In-8.... 1 »
    Extrait du *Bulletin du Grand-Orient de France.*

Le Mythe de Quetzalcoatl. Paris, 1878. — In-8................. 1 50
    Extrait des *Archives de la Société Américaine de France.*

Le Positivisme spiritualiste. Paris, 1879. In-8................ » 50
    Extrait des *Actes de la Société d'Ethnographie.*

La Religion des Japonais. Quelques renseignements sur le Sintauisme. Paris, Impr. Nationale, 1884. — In-8........... 2 »
    Extrait du compte-rendu sténographique du *Congrès international des Sciences Ethnographiques.*

Mémorial de l'Antiquité japonaise. Fragments relatifs à la Théogonie du Nippon, traduits en français et publiés en chinois. Paris, 1883. — In-8... 3 »
    Extrait des *Mélanges Orientaux*, publiés par les professeurs de l'École spéciale des Langues Orientales.

La grande Déesse Solaire Ama-térasou oho-kami et les origines du Sintauisme. Paris, 1884. — In-8............................ 1 50
    Extrait de la *Revue de l'Histoire des Religions.*

Glossaire Bouddhique, sanscrit-chinois-français. Paris, 1890. — In-8... 5 »
    Extrait des *Mémoires de la Société Sinico-Japonaise.*

LE TAOÏSME

PAR LÉON DE ROSNY

AVEC UNE INTRODUCTION

PAR

AD. FRANCK,

MEMBRE DE L'INSTITUT

PARIS
ERNEST LEROUX, ÉDITEUR
28, RUE BONAPARTE, 28
—
1892

TOUS DROITS RÉSERVÉS

INTRODUCTION

Tout ce qu'il y a en Chine d'idées philosophiques et religieuses se résume dans deux noms : Confucius et Lao-tse. Je n'y joindrai pas le nom du bouddha Çâkya-Mouni, parce que celui-là appartient à l'Inde d'où il a été importé dans l'Empire du Milieu pour suppléer à l'insuffisance des deux autres.

La différence est grande entre Confucius et Lao-tse. Tandis que le premier, non pas adoré, car il n'a rien d'adorable ni de saint, est vénéré jusque dans le moindre village de la Chine et est connu, estimé sinon admiré dans le monde entier, le second, objet dans son pays d'origine du culte mystérieux de quelques rares solitaires qui se suivent à plusieurs siècles de distance, ne réveille à l'étranger aucune idée définie et même parmi les savants, parmi les orientalistes de profession, a toujours été une matière de controverse.

D'où vient ce contraste dans la destinée de deux

grands hommes dont la nation qui leur a donné le jour se montre également fière durant un laps de temps de vingt-quatre à vingt-cinq siècles et dont elle n'est pas prête à répudier l'héritage ?

C'est ici que se révèle un des traits les plus saillants de la physionomie intellectuelle et morale du peuple chinois. Confucius représente l'esprit pratique, l'esprit de conduite sociale, étroitement uni au culte de la tradition et dégagé autant que possible de toute considération spéculative, de tout élément de discussion. C'est, au contraire, l'esprit de spéculation que représente Lao-tse, c'est l'esprit désintéressé des choses de ce monde et se laissant entraîner à ses fantaisies, se livrant au courant de ses rêves ou des impulsions spontanées de la nature sans aucun souci de ce qui est utile ou juste, de ce qui convient à l'individu ou au gouvernement de la société. Les deux manières de penser, les deux formes de la vie intellectuelle sont également honorées en Chine, comme elles le sont dans toutes les races civilisées de l'humanité, parcequ'on les sent également nécessaires, également réclamées par la perfection de la nature humaine. Elles n'existent pas, ne naissent pas l'une sans l'autre et se font valoir réciproquement. Mais un peuple aussi positif, aussi utilitaire, aussi sociable, aussi politique que le peuple

Chinois, trouvera plus d'avantage à se conduire par les conseils de Confucius que par les abstraites méditations de Lao-tse. Elle ne refuse pas à celles-ci ses louanges, elle prêtera à ceux-là son obéissance. Elle fera de Lao-tse son philosophe, elle fera de Confucius son instituteur.

C'est à cause de la hauteur où il se place dans le domaine de la spéculation et de l'indifférence qu'il affecte pour les intérêts de l'homme et les questions vitales de la société, que Lao-tse a paru si inaccessible à l'intelligence de ses concitoyens. C'est par des raisons contraires, à cause de son esprit pratique et des règles utiles de sa politique et de sa morale, que Confucius leur a paru si clair et qu'ils ont rendu obligatoire pour la jeunesse la connaissance de tous ses livres. La légende s'est emparée de ce contraste et l'a mis en relief dans le récit suivant.

Confucius désirant avoir un entretien avec Lao-tse, alla le trouver dans sa retraite presqu'inaccessible. L'accueil qu'il y rencontra ne donna satisfaction ni à son amour propre ni à son amour pour la science. Le terrible anachorète se contenta de lui recommander la modestie et le silence. Ceux qui prennent à tâche de tirer leurs semblables de l'ignorance et de leur ouvrir les voies de la civilisation, il les comparait à un homme qui, pour faire revenir sur ses pas une brebis en fuite, s'aviserait de battre le tambour. Revenu près de ses disciples et interrogé par eux avec une ardente curiosité, Confucius leur dit : « Je sais que les oiseaux volent, que les poissons nagent, que les quadrupèdes courent. Ceux qui courent, on peut les prendre avec des filets, ceux qui nagent avec une ligne, ceux qui volent avec une flèche. Mais le dragon qui s'élève au ciel, porté par le vent et par les nuages, je ne sais comment on peut le saisir. J'ai vu aujourd'hui Lao-tse ; il est comme le dragon. »

C'est précisément le dragon que M. de Rosny entreprend de nous faire connaître dans le savant et curieux livre auquel il donne pour titre : « *Le Taoïsme* ». Le Taoïsme, pour lui, c'est uniquement la doctrine, la philosophie de Lao-tse, qu'il déclare absolument étrangère à la prétendue religion des tao-ssé. Cette religion, qui a pris en Chine une importance exagérée, et qui s'en attribue encore plus qu'elle n'en a, M. de Rosny la repousse comme une œuvre de charlatanisme et de superstition.

Je n'oserais assurer que M. de Rosny a dissipé toutes les obscurités qui environnent son sujet ; du moins l'a-t-il tenté avec conscience et avec courage, à l'aide de ses recherches personnelles, sans essayer de dissimuler, moins encore de diminuer les travaux de ses devanciers. Quand les énigmes contre lesquelles il se débat lui paraissent décidément indéchiffrables, on peut se fier à sa loyauté pour nous en avertir.

Lao-tse n'a laissé à la postérité qu'un livre unique et un livre très court, divisé par sentences souvent aussi obscures que les oracles de la Pythie, et qui s'appelle, soit de sa volonté, soit de la volonté de ses très rares sectateurs, *Tao-teh King*. La traduction de ce titre, si cela peut passer pour une traduction, nous sommes obligé, par prudence, de la renfermer provisoirement dans ces mots : « Le Livre du Tao et de la Vertu. »

Tout le monde sait à peu près ce qu'est la vertu, même dans l'opinion des Chinois, qui ne sont pas très exigeants sur ce chapitre. Mais le *Tao* qu'est-ce que c'est?

Pour les uns, c'est la nature dans son origine et dans sa perfection, quelque chose comme la nature naturante, *natura nuturans* de Spinosa. Pour les autres, c'est l'Être Souverain, le principe nécessaire et universel des choses, d'où part et auquel revient tout ce qui existe. Pour d'autres, par exemple pour Pauthier, c'est la suprême intelligence ou la raison universelle, je n'ose pas dire quelque chose de semblable, mais quelque chose d'analogue, dans ses attributs abaissés, au Verbe, au logos de Platon et de Saint-Jean l'Évangéliste. Pour

Stanislas Julien, c'est la route universelle, la voie par laquelle tout passe, et quand il traduit en français le titre Chinois de l'œuvre de Lao-tse, il l'appelle : « Le Livre de la Voie et de la Vertu. »

Je crois que toutes ces significations, d'ailleurs étroitement unies les unes aux autres, étaient également et confusément admises par l'auteur chinois. Ne dit-il pas, en effet, presque comme J.-J. Rousseau, que tout est parfait en sortant des mains de la nature, que tout se corrompt entre les mains des hommes, et que c'est justement pour cela qu'il faut laisser aller les choses comme elles vont, sans rien enseigner au peuple, pas même la justice et l'humanité? Voilà le secret de son optimisme relativement à la nature et la raison de son dédain pour l'entreprise de Confucius.

Que Lao-tse ait vu dans le Tao le principe universel, le principe unique et absolument nécessaire des choses, cela ne me paraît pas non plus sujet à contestation. Ce n'est que sous l'influence de cette idée qu'il a pu écrire des phrases telles que celles qui lui sont prêtées par la traduction de Julien. « Toutes choses sont nées de l'être ; l'être est né du non-être, » c'est-à-dire d'un principe qui, tant qu'il est indéterminé, n'a pas de nom et est pour nous comme s'il n'existait pas. N'est-ce pas en raisonnant de cette façon qu'un grand philosophe moderne, Hégel, a identifié l'être et le non-être et que les docteurs de la Kabbale ont expliqué le dogme de la création *ex nihilo* ? Mais la phrase que nous venons de citer se complète et se justifie par celle que nous signale M. de Rosny : « Tous les êtres ont été créés simultanément, puis ils retourneront à leur source première. » Un autre passage du *Tao-teh King* nous apprend que cette sortie de tous les êtres du sein du Tao, c'est ce que nous appelons la vie, et que leur retour est le signal du non-être. Naturellement le non-être est un effacement plus complet que la mort.

On comprend après cela que toutes les existences sortant du Tao et devant immanquablement y rentrer, le Tao soit considéré comme la route universelle, comme l'unique voie par laquelle elles passent. Rien ne se peut imaginer ni se concevoir qui ne passe par là. J'oserai donc, si peu sinologue que je sois, me porter garant de la traduction de Julien sans mépriser les autres.

Maintenant comment le Tao, nature, principe des êtres, voie universelle, est-il aussi le Verbe ou la Suprême intelligence ? Pour celui qui a un peu l'habitude des spéculations métaphysiques, rien n'est plus acceptable ni peut-être même de plus logiquement nécessaire. L'unité parfaite de l'essence des choses ne nous permet pas de distinguer entre l'être et la pensée, ou comme on dira plus tard, entre l'objet et le sujet ; en sorte que rien n'est que ce qui est pensé, que rien n'est pensé que ce qui est. Par conséquent, l'être universel se confond avec l'universelle intelligence, ou la suprême raison, qu'on appellerait aussi bien l'unique raison. La raison est donc l'essence des choses et l'essence des choses est la raison. Pour posséder cette raison dans son unité et dans sa pureté, il faut posséder, dans les mêmes conditions, l'être ou l'existence, ce qui revient à dire qu'il faut être affranchi de ce qui est accidentel et passager, qu'il faut être exempt de passion. De là cette maxime enseignée par Lao-tse au début de son œuvre : « Lorsqu'on est exempt de passions, on voit l'essence parfaite du Tao, tandis qu'on n'en aperçoit que la manifestation matérielle ou la forme bornée, lorsqu'on est sous l'empire des passions. » On croirait véritablement, en lisant ces mots, avoir sous les yeux une proposition de Spinosa.

Nous n'avons pas besoin d'insister pour démontrer que, dans aucune des définitions qu'on a données du Tao, il n'est permis d'apercevoir l'idée d'un Dieu distinct et auteur du monde, l'idée d'un Dieu personnel, créateur, conscient et libre, ou même simplement l'idée de Dieu, qu'on ne trouvera pas davantage, j'en suis sûr, dans le Chang-ti de Confucius. C'était donc un étrange rêve d'Abel-Rémusat de vouloir reconnaître dans le principe de Lao-tse le Jéhovah de la Bible, et un rêve encore plus chimérique des jésuites de Péking de se flatter d'avoir découvert dans le *Tao-teh King* le dogme de la Trinité chrétienne.

Le moindre doute qu'on pourrait conserver à cet égard, ne résisterait pas à ce qu'on éprouve quand on veut passer des idées spéculatives de Lao-tse aux règles qu'il propose à l'homme pour la direction pratique de la vie. Sans la crainte que nous avons d'abuser des mots, nous dirions que les premières nous représentent la métaphysique de Lao-tse et les secondes sa morale.

Si Dieu, dans le cas où il serait permis de lui laisser ce nom, est un être sans conscience et sans personnalité, d'où viendrait à l'homme la pensée de s'attribuer à lui-même de tels attributs et comment arriverait-il à aimer ou à haïr quoi que ce soit en lui, hors de lui, au-dessus de lui? D'ailleurs il n'existe rien hors de lui ni au-dessus de lui. Le but de tous ses efforts devrait donc le ramener à vivre dans la plus parfaite indifférence, à être sans passions, cela va sans dire, mais aussi à se dispenser de toute recherche du mieux, de toute foi dans le progrès, de tout amour actif de la vérité, de toute tentative pour gouverner et instruire ses semblables, pour combattre l'erreur, le crime, le mal sous toutes ses formes. Il se renfermera complètement dans le *non-agir*, on pourrait presque dire dans le non-être. « Savoir qu'on ne sait rien est la vraie science. » — « Le devoir du sage appelé à gouverner un pays est d'en maintenir les habitants dans l'ignorance et dans la simplicité originelle. » — On est étonné de ne pas rencontrer dans le nombre ou à la suite de ces préceptes la fameuse phrase du discours sur l'inégalité des conditions : « L'homme qui médite est un animal dépravé. » Ce régime de renoncement est bien caractérisé par ces mots placés dans la bouche du sage : « Je ressemble à nouveau-né qui n'a pas encore souri à sa mère. »

Il est impossible que, réduisant toute sa vie, si cela peut s'appeler vivre, à l'indifférence et à l'inaction, le sage de Lao-tse ait la pensée de se venger ou seulement de se défendre des injures qu'on lui fait. Mais pourquoi dire qu'il rend le bien pour le mal et qu'il venge ses injures par des bienfaits ? Les bienfaits d'un homme qui ne fait rien pour personne ni pour lui-même, qui borne ses enseignements au silence, qui ne tient compte ni de l'autorité ni de la propriété, qui méprise la vie et qualifie de crime le soin qu'on prend de la conserver et de la propager, les bienfaits d'un tel instituteur, d'un tel législateur, d'un tel modèle, sont difficiles à comprendre ; la seule chose qu'on en comprenne, c'est qu'ils n'existent pas.

Si maintenant nous revenons sur nos pas et cherchons à nous faire une idée générale des maximes contenues dans le *Tao-teh King*, quelle sera cette idée ? Elle ne répondra à rien de ce que nous connaissons soit des religions, soit des philosophies de l'Orient, de la Grèce ou des peuples civilisés de l'Europe. Elle ne répondra ni au polythéisme, ni à la croyance à un seul Dieu, véritablement Dieu, créateur et providence du monde. Elle ne répondra pas à ce que nous entendons par spiritualisme, matérialisme, panthéisme. L'esprit et la matière ne se distinguent pas l'un de l'autre dans le livre de Lao-tse. On n'y reconnaîtra pas non plus le panthéisme ; car le panthéisme suppose le divin, et rien de moins divin, de moins digne d'admiration et d'amour que le Tao tel qu'on nous le présente. Est-ce le naturalisme ou le culte de la nature ? Pas davantage. La nature est belle, la nature est aimable, la nature est féconde et variée à l'infini ; de tous ces attributs le Tao est vide ; il répugne à la beauté, à la variété, à la vie. Le seul nom qui me paraisse applicable, dans une certaine mesure, à cette ombre de système, est celui du *monisme*, particulièrement cher à quelques sophistes, je pourrais dire à quelques nihilistes de notre temps. Mais qu'est-ce que le monisme ? C'est moins encore que l'unité, car l'unité est une forme de l'existence : le monisme, c'est la solitude, et la solitude c'est le néant. Je ne voudrais pas m'aventurer dans les discussions interminables qui se sont déjà produites sur ce mot ; je me contenterai de dire qu'on ne peut rien imaginer de plus déplaisant, de plus équivoque, de plus répulsif que le monisme de Lao-tse ou la doctrine, quelqu'appellation qu'on lui donne, qui fait le sujet du *Tao-teh King*. Confucius, malgré le prosaïsme de ses enseignements, est presqu'un aigle quand on le compare à Lao-tse. Il est pourtant indispensable que nous connaissions Lao-tse, autant qu'on peut le connaître. Et M. de Rosny a fait œuvre de science et de dévouement en se vouant à cette tâche.

Ad. FRANCK.

PRÉFACE

Parmi toutes les doctrines spéculatives et religieuses du monde asiatique, il n'en est peut-être aucune, si on en excepte le Bouddhisme, qui ait témoigné d'une puissance d'aperception égale à celle du philosophe Lao-tse. Nulle part, du moins, dans les temps antérieurs à notre ère, on n'a formulé d'une manière plus saisissante et en même temps plus sobre et plus réfléchie la loi suprême de l'univers, et nulle part, on n'a su mieux la dégager de tout attribut anthropomorphique. Cette doctrine, cependant, ne devait occuper qu'une place à peu près insignifiante dans l'histoire intellectuelle de l'humanité. Non-seulement elle n'était pas appelée à mûrir par le travail et la culture des nombreuses générations de penseurs qui se sont succédé en Chine depuis le siècle où elle est éclose ; mais, en quelque sorte atrophiée dans son germe, il ne lui était réservé d'autre avenir que de donner un nom, — j'allais dire une étiquette commerciale, — à l'une des croyances les plus grossières qui se soient jamais répandues dans le genre humain.

Le livre de Lao-tse, dont on a rarement contesté le caractère authentique, n'est parvenu jusqu'à nous qu'après avoir subi les plus fâcheuses altérations. Il est, outre, peu étendu, de sorte que la théorie sur laquelle il repose n'a pas été développée d'une manière suffisante pour exclure bien des doutes sur sa signification réelle et sa portée. Le style de l'auteur enfin, concis à l'excès, souvent alambiqué et décousu, est énigmatique en bien des cas, entaché de mysticisme ; son principal défaut est d'ouvrir sans cesse la porte aux interprétations les plus discordantes.

Une doctrine spéculative, il est vrai, a plutôt à gagner qu'à perdre, surtout lorsqu'elle est fort ancienne, à n'être transmise aux âges postérieurs que sous une forme vague et mutilée. Pour peu que les lambeaux épargnés par les siècles laissent entrevoir des traces d'une grande idée, il y a bien des chances pour que cette idée, réelle ou supposée, soit un jour recueillie avec enthousiasme et inscrite dans les annales du monde pensant comme une haute manifestation de l'esprit humain. Rien de tel, pour un livre canonique, par exemple, que de prêter largement à l'essor de l'exégèse et de l'interprétation. Des théories énoncées d'une façon trop précise sont souvent fatales à l'œuvre d'un instituteur religieux : elles sont marquées visiblement du sceau de la faiblesse humaine ; le besoin de surnaturel, si enraciné dans le cœur des masses, n'y trouve pas son compte. Les fondateurs de religions, qui n'ont rien écrit par eux-mêmes, ont toujours eu, pour ce motif, un avenir plus brillant et plus durable que les autres : nul n'est admis à leur imputer des fautes ou des erreurs dont leurs disciples ou leurs apôtres sont seuls responsables.

Loin de ma pensée, cependant, de soutenir que les grandes aperceptions dont on croit trouver des vestiges dans certains livres de l'antiquité n'y existent que par le fait de notre complaisance ; et je crois qu'on ne saurait trop révérer les écrits des anciens sages où nous rencontrons des endroits qu'il est possible d'associer aux théories les plus sûres et les plus avancées de la philosophie moderne.

L'ouvrage de Lao-tse est de ce nombre ; et, pendant longtemps encore, les hommes préoccupés de découvrir les aïeux de la pensée humaine y trouveront plus qu'à glaner. Cet ouvrage, néanmoins, ne se présente pas dans des conditions analogues à celles des autres textes canoniques ou philosophiques qui nous ont été transmis par l'antiquité. La plupart de ces textes ont servi de base à la fondation d'une secte ou d'une école : ils ont été continués d'âge en âge. Le *Tao-teh King*, au contraire, est demeuré pendant plus de vingt siècles à l'état d'œuvre isolée, sans lien effectif avec le travail des générations, j'allais dire à l'état d'œuvre mort-née ou incomprise. Cette étonnante production de l'esprit Chinois, qui remonte à l'époque de la captivité de Babylone, a joui, il est vrai, d'une certaine fortune à plusieurs époques ; mais il n'y a aucun doute que cette fortune, elle la doit à des circonstances étrangères à sa valeur philosophique. La réaction contre le Confucéisme, sous le règne mémorable de Chi Hoang-ti (IIIe siècle avant notre ère), suffirait au besoin pour expliquer le succès d'une doctrine si différente, parfois même si contraire à celle de l'École des Lettrés.

En dehors des intérêts politiques qui ont fait supplanter sous certains règnes l'enseignement de Confucius par celui de Lao-tse, l'histoire nous apprend que les idées de ce dernier ont réuni dans diverses contrées de l'Extrême-Orient, en Corée et même au Japon, des partisans nombreux et enthousiastes. Il est toutefois vraisemblable que le succès de son livre ne provient point des théories taoïstes dont nous sommes enclins à admirer aujourd'hui l'expression rudimentaire, et qu'il faut attribuer bien plutôt la vogue dont il a été l'objet ailleurs qu'en Chine aux contes merveilleux et à la brillante mise en scène du culte des taosséistes. La pensée capitale du *Tao-teh King*, déjà sensiblement altérée dans les écrits des successeurs immédiats de Lao-tse, n'existe plus qu'à l'état de travestissement dans la masse de la population qui a fait un petit dieu de son auteur faute d'avoir compris qu'il était un grand philosophe.

Les croyances que professent les prétendus adeptes du Tao diffèrent si profondément de l'esprit de Lao-tse qu'il m'a semblé impossible, non-seulement de les associer à la doctrine du Maître, mais même de les y rattacher par des liens étroits. C'est ce qui m'a décidé à faire usage de deux termes distincts : *Taoïsme* pour désigner la philosophie de Lao-tse et dans une certaine mesure celle des écrivains dits « naturalistes » de la Chine ancienne et moderne, — et *Taosséisme* pour dénommer le culte des tao-sse ou « sectateurs du Tao », culte qui ne repose plus guère que sur des interprétations forcées ou cabalistiques du *Yih-king* et de quelques sentences du célèbre contemporain de Confucius. La valeur très distincte de ces deux termes désormais établie, je reviens à l'appréciation du Taoïsme en général et tout particulièrement à celle du Taoïsme, tel qu'il résulte de l'étude de son livre fondamental, le *Tao-teh King*.

Lao-tse ne nous a laissé à aucun titre un système complet de philosophie ; nous n'avons de lui que des aphorismes décousus, présentés en désordre et sans développements. On doit cependant lui tenir compte des puissantes aperceptions qu'il a eues du problème de la Nature, dans un milieu en apparence aussi défavorable que celui où il vivait, à peu près à l'époque où, dans des conditions infiniment meilleures, on entendait retentir la parole touchante de Çâkya-mouni et les enseignements de Pythagore.

Parmi les aperceptions les plus remarquables de Lao-tse, il faut placer en première ligne sa manière de concevoir Dieu. On peut certainement engager des disputes sur l'identification de Dieu et du Tao ; mais ces disputes ne sauraient reposer que sur la logomachie détestable qui pousse les esprits superficiels et paresseux à préférer les mots aux idées et qui, pour me servir d'une expression chinoise, jugent le ciel très étroit parce qu'ils sont descendus au fond d'un puits pour le contempler [1].

L'idée de Dieu, Lao-tse l'a traduite en des termes qui font à coup sûr le plus grand honneur à son génie ; il

---

[1]. *Pien-i-tien*, au mot *Tao*.

a su même y associer, d'une façon trop vague sans doute mais cependant compréhensible, celle du motif de la création. Son œuvre néanmoins ne compte pour rien ou à peu près pour rien sur le grand-livre de la pensée, par ce fait qu'elle n'a pas pesé d'un poids appréciable sur le progrès moral d'une période quelconque de l'histoire du monde : elle a touché brillamment au côté théorique, elle semble n'avoir pas même songé au côté pratique.

Le problème de la fin de l'homme, — et au fond celui de la création entière, — ne peut être envisagé avec fruit que si l'on s'efforce de déchiffrer parallèlement l'énigme de notre origine. Bien plus, la discussion de ce problème doit aboutir et elle aboutit à des résultats funestes dans la vie des peuples, si elle n'entraîne pas comme conséquence immédiate, nécessaire, la promulgation d'une loi morale effective assez puissante pour rectifier la conscience publique et améliorer les mœurs. Je professe l'opinion qu'une philosophie, surtout lorsqu'elle prétend s'élever à la hauteur d'une institution religieuse, est une œuvre néfaste si elle n'a pas pour effet de rendre les hommes meilleurs, plus sévères vis-à-vis d'eux-mêmes, plus indulgents vis-à-vis des autres, plus résolus à n'ambitionner en fin de compte qu'un seul résultat, l'amour ardent et désintéressé de l'idéal qui s'appelle le Bien, le Beau et le Vrai, dans le sens absolu de cette haute expression trinaire. L'esprit aryen qui a enfanté le Bouddhisme, et l'esprit sémitique qui a produit six siècles plus tard le Christianisme, ne consentiront jamais à renoncer pendant longtemps à cet idéal pour se vautrer dans les ornières malsaines de l'individualisme, du pessimisme et de l'indifférentisme. C'est faute, — non pas d'avoir absolument méconnu cette vérité, — mais de ne pas s'être en quelque sorte identifié avec elle, que des doctrines marquées du sceau du génie, comme l'a été celle de Lao-tse, n'ont abouti en somme qu'à des manifestations intellectuelles éphémères et stériles pour l'avancement du genre humain. Examinons.

Lao-tse n'avait rien rêvé de mieux pour l'avenir de l'homme que le retour à la condition de nature ; et par condition de nature, il faut entendre un état qui est du domaine exclusif de l'instinct et ne s'élève pas à la sphère plus haute de l'action réfléchie, c'est-à-dire à la sphère où se manifeste le progrès par le fait de la liberté.

Soutenir l'avantage de rétrograder, pour revenir à la vie primitive, à la vie inculte, sous entend que l'homme, dans sa condition originelle, était bon, et qu'il n'est devenu mauvais que par suite des raffinements d'un mode d'existence mal réglé et mal compris. Dans les religions, où Dieu est, sinon anthropomorphisé, du moins conçu à l'image de l'homme ou d'une individualité quelconque, il est logique d'admettre que la créature était parfaite au début, puisqu'elle venait de sortir des mains de son Créateur ; mais une telle manière de voir est insuffisante, et son moindre défaut est d'énoncer un axiome capital sans prendre la peine de l'établir sur une base solide qui ne peut être autre que la *loi du Devenir*, dans ses rapports harmoniques avec les nécessités inéluctables de la « Perfection » divine.

La croyance que l'homme était bon à l'origine, exprimée, comme toutes celles que préconise le *Tao-teh King*, en termes vagues et alambiqués, ne tarde pas à paraître en Chine sous une forme nettement accusée dans l'œuvre du philosophe Mencius. Chez celui-ci, plus de doute sur la valeur des termes : l'homme était bon tout d'abord ; sa bonté s'est amoindrie à la longue, et la lutte pour l'existence a corrompu dans son cœur les instincts vertueux de son état primitif. Il appartient à l'éducation et à l'étude de le faire revenir à sa perfection naturelle. L'idéal consiste à retourner en arrière. — Voilà le fameux précepte qui, accueilli avec dévotion par le peuple chinois, a pesé, pendant plus de vingt siècles, d'un poids si lourd sur ses destinées. La Chine, il faut le reconnaître, lui doit une permanence, une durée politique et sociale dont on ne trouve aucun autre exemple dans l'histoire ; mais cette permanence, cette durée, sont celles d'un organisme pétrifié, assez dur pour résister tant bien que mal aux attaques du temps, mais incapable de s'accroître, de produire, rebelle à toute éventualité de réforme et de progrès. C'est le dogme brahmanique mal compris du retour en Dieu, — non pas par une marche en avant, mais par un recul en arrière !

Cette idée, comme toutes les idées fausses, ne devait pas tenir debout, survivre à son auteur, comme a survécu, par exemple, l'idée de Charité qui a franchi les âges et les révolutions sans jamais s'amoindrir. En Chine même, elle a provoqué presque aussitôt d'ardentes disputes. Lao-tse, penseur infiniment plus profond que Confucius, a dû céder le pas à son orgueilleux rival, parce que celui-ci, s'il n'avait pas su concevoir un idéal capable d'embrasser la Nature entière, avait du moins entrevu un idéal suffisant pour organiser la famille.

Un philosophe chinois appelé Siun-tse n'hésita pas à se mettre en révolte ouverte avec Mencius, en soutenant que la nature de l'homme était foncièrement mauvaise et qu'elle ne pouvait devenir bonne que par le secours de l'*éducation*[1]. Puis, entre la doctrine optimiste de Mencius et la doctrine pessimiste de Siun-tse, se plaça une troisième doctrine, celle de Yang-tse, qui prétendit à son tour que le bien et le mal, dans des proportions variables, existait à l'état latent chez l'homme, et qu'il fallait chercher par l'étude les moyens de maintenir ou de développer la somme de bien, et en même temps de diminuer ou de faire complètement disparaître la somme de mal.

Ces théories divergentes, — et ce ne sont pas les seules qu'il serait possible de signaler en Chine, — décèlent de fâcheuses lacunes dans l'esprit des philosophes asiatiques qui les ont énoncées. Elles sont cependant intéressantes à connaître, parce qu'elles donnent à réfléchir, et qu'en faisant usage des ressources de la critique moderne elles permettent peut-être de mieux poser le problème et dans une certaine mesure de le résoudre.

La conclusion à laquelle aboutissent tous ces penseurs chinois est au fond la même. Tous, en effet, arrivent à croire que la vertu chez l'homme dépend exclusivement de l'action des sages : Si l'homme est vertueux d'origine, ce sont leurs préceptes qui le maintiendront dans la

---

1. Voy. les curieuses remarques de Le Play, à l'appui de cette doctrine (*La Réforme en Europe et le Salut en France*, p. 59).

bonne voie, en lui montrant les dangers d'en sortir ; si d'origine il est pervers, ce sont encore leurs conseils qui le ramèneront au bien, en le persuadant des avantages de les suivre.

Mais alors une autre question, une question capitale, s'impose, et nos bons asiatiques n'ont pas songé à lui faire une place dans leurs disputes. D'où vient la supériorité des sages sur la foule, d'où vient la puissance de l'éducation ? En d'autres termes, d'où dérivent les principes salutaires qui donnent à l'éducation les moyens de maintenir le bien existant, ou de transformer le mal en bien ?

Il y a deux réponses possibles à cette question, mais j'estime que l'une est de beaucoup supérieure à l'autre. La moins bonne, la voici : Si l'on admet comme une règle que la nature de l'homme est mauvaise, ainsi que le soutient Siun-tse, on n'est pas en présence d'une règle générale. Si, en effet, tout le monde était méchant, qui eût jamais pu faire sortir de la méchanceté les germes du bien et détourner les méchants du crime ? Il faut qu'il y ait eu des exceptions dans l'humanité, c'est-à-dire des hommes dont le naturel était bon et qui ont tiré d'eux mêmes le sentiment et le mobile du bien, des hommes enfin qui différaient de leurs semblables d'une manière essentielle, quoique doués d'un même organisme et provenant de la même source que les autres.

L'hypothèse de Mencius, suivant laquelle les hommes sont bons par nature, mais fragiles et corruptibles, ne résoud guère mieux le problème ; car elle suppose que des hommes d'une vertu chancelante ont profité de quelques éclaircies de conscience pour sauver ceux qui trébuchaient dans la vie, sauf à recourir ensuite à ceux qu'ils avaient délivré du mal, pour se sauver à leur tour aux heures de défaillance.

La meilleure réponse me semble celle-ci : Le bien réel est un effort constant vers la perfection absolue et ne peut dériver du mal ; donc le bien existe au début de l'existence, comme on doit le retrouver à la fin. Seulement il y a un bien originel et un bien final ; et le « bien originel » n'est pas la même chose que le « bien final ».

Je vais essayer de définir cette théorie dont on peut à la rigueur trouver des traces dans la philosophie taoïste comme dans la philosophie brahmanique, mais des traces à tous égards insuffisantes si nous ne nous efforçons pas de les faire apparaître d'une façon plus nette, plus soutenue et plus accentuée.

A l'origine, — pour me servir d'un terme qui facilite l'énonciation de la pensée mais qui est défectueux en ce sens qu'il provoque une question de temps inapplicable à la loi suprême de la Nature, — Dieu était unique, solitaire, dans le calme de son existence impassible. Tout existait en lui, immobile, improductif. Créateur, il l'avait été de toute éternité, car la création était une chose bonne puisqu'elle émanait de lui; et du moment où elle était bonne, il n'avait pu hésiter ni différer d'accomplir ce qui était bon. On ne saurait objecter sérieusement que, dans sa sagesse absolue, il avait découvert un moment particulièrement favorable pour créer, alors que d'autres moments ne l'auraient pas été. Il y aurait là une argutie sur laquelle je crois inutile de m'appesantir. Dieu a fait son œuvre dans un instant sans durée, car sa toute puissance exclut l'hypothèse d'un espace de temps plus ou moins long pour réaliser ce qu'il avait tous les moyens de produire instantanément. Son œuvre était, en outre, complète : il n'y avait rien à y ajouter, rien à y soustraire, car la supposition d'un oubli quelconque est incompatible avec la perfection divine. Tout était donc bien fait, définitivement fait, sans qu'il soit admissible qu'il restât quelque chose à faire.

Ce raisonnement sur le système de la création ne peut être considéré comme décisif, s'il n'est pas complété par l'adjonction d'une subséquence. Autrement l'absolue perfection, une fois l'œuvre créatrice accomplie, n'aurait été rien autre chose que l'inactivité sans fin, — la mort éternelle, l'inutile à jamais ! La subséquence nécessaire se trouve dans la *loi du Devenir*. La loi du Devenir, qui est essentielle à la nature de Dieu et le complément inévitable de l'idée de perfection absolue, se manifeste par le principe de mouvement et de liberté : c'est, dans le langage de Platon ou dans celui du Védanta, la résultante de l'acte de Dieu voulant être « plusieurs » ; c'est, en d'autres termes, la puissance infinie produisant les êtres pour se compléter elle-même par la réabsorption continue, éternelle des éléments émanés de son sein, alors que ces éléments, rendus eux-mêmes parfaits par le travail et la pratique volontaire du bien, viendront lui apporter l'appoint sans lequel il ne saurait y avoir de perfection absolue.

Si j'ai réussi à bien faire comprendre ma manière d'envisager l'idée que je cherche à établir, il en résulte, je crois, une explication plausible des phases d'évolution des êtres dans la nature :

La perfection créatrice fait sortir d'elle-même tous les êtres, par le fait de sa puissance fatale. De cette source de perfection, jusque là virtuelle, les êtres naissent doués d'une réminiscence de leur divine origine ; et alors ils sont bons, mais bons d'une bonté spontanée, inconsciente, sans effort, et sans avoir eu à accomplir un acte de sélection entre le bien et le mal (c'est là l'idée fondamentale de Lao-tse, quand il prétend que le mal n'est apparu dans le monde que lorsque la notion du bien a commencé à s'y produire) ; l'être était bon d'une bonté en quelque sorte mécanique, bon de la bonté instinctive. Mais il n'a pas seulement reçu de son créateur la bonté instinctive : il a reçu de lui la faculté du mouvement et la liberté. Bon par instinct et libre à la fois, il réfléchit à mesure que se développent en lui les effets de la loi du Devenir. Il réfléchit peu à peu, laborieusement, sur les conséquences de sa bonté instinctive : il critique ses conséquences, il les discute, il les met en parallèle, en opposition, avec les intérêts de sa personnalité : la concurrence vitale vient à son heure contrecarrer les bonnes résolutions de sa volonté encore soumise à la puissance de l'instinct. Il hésite, il doute, il chancèle. La période où il se trouve engagé est la seconde dans le travail de son évolution émancipatrice ; il est dans la période transitoire.

A cette période, — toujours en raison de la loi du Devenir, — succède une autre période, la période de *réaction conscientielle*, c'est-à-dire la période durant laquelle l'être lutte et triomphe de ses instincts égoïstes par les ressources de son organisation intime, de sa réflexion et par l'usage désormais réglé de sa liberté.

Mais comme dans la nature rien ne s'opère par soubresaut, *natura non facit saltus,* suivant la maxime due au génie de Linné, comme tout s'y enchaîne, comme il n'y existe d'autres divisions que celles que notre esprit relatif y introduit pour faciliter le classement des idées et des notions acquises, les trois périodes — celle de la bonté instinctive, de la concurrence vitale, et de la réaction conscientielle, — sont connexes et continues. Le Devenir suit sa voie : il n'est rien autre chose que l'éternel progrès, et l'éternel progrès est la formule complémentaire de l'idée de Dieu.

C'est en tirant de l'étude des anciens philosophes des déductions de ce genre que je crois utile de soumettre leurs œuvres au travail de l'exégèse et de la critique. Autrement, j'ai bien peur que l'esprit humain ait peu à tirer des longues et pénibles explorations qu'il entreprend dans le domaine chaque jour plus étendu de la vieille science spéculative. Le livre de Lao-tse, par exemple, s'il n'était pas abordé suivant une méthode de ce genre, ne nous offrirait rien que des occasions de lui attribuer gratuitement une foule d'idées aussi incertaines que divergentes, aussi obscures qu'infécondes. La tâche du philosophe ne dépasserait guère celle du linguiste : elle se réduirait le plus souvent à des discussions de mots. Il n'est pas sans intérêt d'examiner des mots et de feuilleter des grammaires ; mais cette occupation poussée trop loin peut être funeste à la culture des idées. Lao-tse a déjà trouvé quatre ou cinq traducteurs plus ou moins autorisés ; moi-même, j'ai refait la traduction de son livre dans l'intérêt de mes études. Si le travail des uns et des autres ne doit pas avoir pour résultat de provoquer des idées nouvelles, — j'oserai dire des idées pratiques, — il est fort à craindre qu'en notre âme et conscience nous soyons obligés de dire comme un illustre écrivain latin à propos du Timée : « Bien que je l'aie traduit, je ne le comprends pas. »

Je viens de discuter quelques-unes des théories que l'on rencontre à l'état embryonnaire dans le *Tao-teh King* et qui sont à coup sûr au nombre des plus hautes préoccupations de l'esprit humain. Le Vieux-Philosophe en avait aperçu la portée. Profondément honnête, il aimait la vérité au point de se révolter à la seule pensée qu'on puisse la faire voir aux hommes travestie sous un accoutrement quelconque. Comme Sénèque-le-Philosophe, il méprisait l'éloquence et condamnait le culte de la forme, soit dans la parole, soit dans le style. Il enseignait que l'art de parler avec charme était l'apanage des hommes qui ont à répandre des idées fausses, à propager des mensonges qu'il n'est possible de faire accepter qu'en endormant l'esprit par une mélodie malsaine et trompeuse. Il était aussi sincère que convaincu.

D'où vient donc que, dans des conditions si excellentes, l'œuvre de son génie ait été une œuvre inféconde, sans avenir ? — Il y manquait l'idée d'amour, l'idée d'amour sans bornes, d'amour sans restriction qui, à l'époque même où vivait Lao-tse transforma le monde indien en surgissant dans le bassin du Gange, comme elle devait apparaître six siècles plus tard et émanciper le monde occidental par son éclosion dans la vallée du Jourdain. Cette idée, si le Vieux-Philosophe l'avait pressentie, il n'a du moins pas su la produire d'une façon pratique, la montrer à tous avec ses larges et splendides conséquences ; il n'a pas compris enfin que, dans l'état relatif et insuffisant de la créature, la discussion des grands problèmes de l'existence est non-seulement gratuite mais néfaste, si elle n'a pas pour corrollaire essentiel, comme dans le Bouddhisme indien, d'amener l'homme à comprendre que son premier devoir est d'aimer les siens et, suivant la belle parole de Cicéron, de considérer tous les êtres comme siens, *cum suis omnesque naturâ conjunctos*[1]. Il en résulte qu'à vrai dire, il n'existe pas une morale taoïste, comme il existe une morale bouddhique ou une morale chrétienne. Les sectateurs de Lao-tse ne se sont pas même aperçus comme les Esséniens que, sans la base de l'amour, il est ici-bas des sciences inutiles. La science du *Tao-teh King* était une science inutile : elle ne pouvait conduire les Chinois à autre chose qu'à la plus misérable des idolâtries.

1. Cicéron, *De Legibus*, I, 22.

LE TAOÏSME

I

LES ORIGINES DU TAOÏSME.

Lorsqu'apparaît dans l'histoire un de ces brillants météores qui éclairent d'un jour exceptionnel la marche de l'humanité, on lui fait le plus souvent honneur de la somme totale de lumière dont le monde a été inondé au moment de son apparition. C'est du moins la tendance de l'esprit populaire d'agir de la sorte : pour une découverte, pour une innovation, il lui faut une étiquette ; et il est bien rare qu'il n'attribue pas à un seul homme la formule entière d'une idée nouvelle. L'esprit scientifique est moins rapide dans ses conclusions : il estime de son devoir de remonter le cours des âges, d'interroger les siècles, et de s'enquérir si un travail bien plutôt collectif qu'individuel n'a pas rendu possible l'éclosion d'une doctrine dont le germe était depuis longtemps semé. C'est de cette manière que la science se préoccupe utilement des questions d'origines. Le résultat de ses recherches est presque toujours de constater qu'une œuvre considérable de pensée n'est jamais accomplie sans le concours de nombreux collaborateurs.

Le philosophe Lao-tse a certainement été un de ces brillants météores, et son apparition semble d'autant plus extraordinaire que, malgré bien des savantes investigations, il n'a guère paru possible jusqu'à ce jour de lui reconnaître des devanciers.

Les Chinois, tout au moins ceux qui appartiennent à l'école confucéiste des Lettrés, considèrent ce philosophe comme l'initiateur du Taoïsme. A peu près contemporain du bouddha Çâkya-Mouni, on a supposé qu'il avait eu connaissance du premier essor du Bouddhisme indien. Ses fonctions d'archiviste de la Cour fournissaient un argument en faveur de cette hypothèse. Les souverains de la dynastie régnante des Tcheou avaient, en effet, pendant longtemps établi leur résidence dans la province de Chen-si, à l'ouest de la Chine, du côté de l'Inde; et on en concluait à l'existence de relations effectives entre les deux pays. Il devait en outre se trouver dans la bibliothèque royale quelques récits du fameux voyage de Mou-wang aux contrées énigmatiques de l'Occident lointain [1].

De telles suppositions, malgré leur ingéniosité, sont fort insuffisantes. La distance du Chen-si à l'Himâlaya est bien considérable, surtout si l'on tient compte des faibles moyens de locomotion dont on disposait à cette époque. Rien ne nous autorise à croire que des

---

1. Pauthier, *Chine*, p. 113.

rapports réguliers aient même été déjà établis entre l'Inde et la province chinoise du Sse-tchouen qui était bien plus rapprochée du Tibet et des pays Barmans que celle du Chen-si. Quant au voyage de Mou-wang à la montagne mystérieuse du Kouen-lun, il ne nous apparaît jusqu'à présent que comme une légende, sinon comme une entreprise absolument dépourvue de réalité.

Plusieurs anciens missionnaires ont cru trouver à leur tour, dans les récits des taossé, prétendus sectateurs de la doctrine de Lao-tse, des réminiscences de la *Bible*[1], et même la preuve que Dieu avait accordé aux habitants du Céleste-Empire une sorte de révélation anticipée[2]. Abel-Rémusat a fait plus : il n'a pas hésité à reconnaître la présence du mot *Jéhovah* dans trois syllabes du *Tao-teh King*.[3] L'opinion des savants missionnaires de Péking, en tête desquels il convient de citer le P. Prémare, partisan de l'origine biblique de certaines traditions taosséistes, a été combattue avec succès par d'autres membres éminents du clergé catholique, notamment par les PP. Régis, Lacharme et Visdelou. Quant à l'identification de trois signes chinois du Livre de la Voie et de la Vertu avec le nom hébreu de *Jéhovah*, elle a été contestée par Stanislas Julien[4], et depuis lors aucun orientaliste sérieux n'a plus cherché à soutenir de nouveau la vraisemblance d'une pareille supposition[5].

Le fait souvent rapporté que Lao-tse aurait été le

---

1. *Mémoires concernant les Chinois*, t. I, p. 107.
2. Stanislas Julien, *Le livre de la Voie et de la Vertu*, Introd., p. iv.
3. Abel-Rémusat, *Mémoire sur Lao-tseu*, p. 42.
4. *Lib. citat.*, introd., pp. vi-viii.
5. Voy. cependant M. J. Edkins, dans la *China Review*, 1884-85, p. 12.

contemporain de Pythagore[1], s'il ouvre le champ à de curieuses hypothèses, ne nous autorise pas davantage à assigner une origine étrangère aux doctrines de l'illustre contemporain de Confucius. Faut-il maintenant conclure de l'absence d'indices positifs sur les relations supposées entre le pays des Tcheou et le reste du monde, que Lao-tse a créé de toutes pièces, sans y avoir été conduit par aucun travail intellectuel antérieur, les étonnantes théories spéculatives auxquelles on a donné son nom? Ou bien peut-on découvrir, dans les plus anciens livres de la Chine, des précédents qui expliquent la manifestation, au VIIe siècle avant notre ère, de ce génie tout à la fois profond, bizarre et original? Telle est la question qui se pose avant toute autre, lorsqu'on aborde l'étude du Taoïsme et de ses origines.

Il m'a toujours paru que le *Tao-teh King*, malgré de fâcheuses obscurités et d'apparentes contradictions, reposait sur un ensemble trop complexe d'aperçus philosophiques pour qu'il soit vraisemblable de l'attribuer au labeur d'un seul homme. Le système de Lao-tse témoigne en effet d'une puissance de conception qu'on chercherait en vain dans l'enseignement de Confucius, qui vivait cependant à la même époque et dans le même milieu. Les Taoïstes, dans leurs luttes avec les Lettrés, n'ont pas omis de faire valoir cette supériorité de leur Maître[2], et les savants du monde occidental ont pour la plupart ratifié cette appréciation. L'hypothèse suivant laquelle Lao-tse aurait eu des précurseurs est donc

---

1. On rapporte que Pythagore naquit à Samos vers 608 avant notre ère, ou suivant d'autres autorités en 572. La date de sa mort est également incertaine ; on la fixe tantôt à l'an 509, tantôt à l'an 472.
2. Chantepie, *Lehrbuch der Religionsgeschichte*, t. I, p. 251.

vraisemblable, mais elle a besoin d'être démontrée. Malheureusement les textes qui constituent la littérature préconfucéiste sont fort rares, et bien des doutes subsistent encore au sujet des interpolations qui ont pu être introduites dans ceux dont l'authenticité est généralement reconnue. Les progrès des études sinologiques commencent à peine à projeter de faibles lueurs sur ce problème en apparence inextricable de critique philosophique et religieuse. C'est seulement par l'étude de la civilisation chinoise dans la haute antiquité et par la lecture de quelques philosophes taoïstes antérieurs à notre ère, dont il n'existe pas encore de traduction européenne, qu'il sera possible d'entrevoir comment ont pu se produire en Chine les conceptions en apparence si primesautières du fondateur de la grande école du Tao.

La Chine antérieure au VIIe siècle avant notre ère ne nous est connue jusqu'à présent que par les ouvrages de Confucius, ou du moins par les livres antiques dont il ne nous a transmis le texte qu'après lui avoir fait subir de regrettables mutilations. Le célèbre moraliste de Lou, on le sait, n'hésita pas à supprimer dans ces livres ce qui lui semblait de nature à corrompre l'esprit public et, sans doute aussi, ce qui s'accordait mal avec les principes qu'il avait à cœur de répandre parmi ses compatriotes. On rapporte, par exemple, que, sur plus de 3000 pièces de vers recueillies dans ses voyages et surtout dans les archives royales des Tcheou, Confucius n'en conserva qu'un dixième [1]. Des doutes ont été

---

1. Sse-ma Tsien, *Sse-ki*, liv. XLVII, p. 21.

soulevés, il est vrai, par un savant sinologue anglais [1], sur l'exactitude de cette déclaration énoncée en termes formels par le grand historiographe Sse-ma Tsien, dans ses « Mémoires » que l'on considère avec raison comme une des sources les plus sûres de l'histoire ancienne de la Chine. Le même sinologue a repoussé également le témoignage du célèbre annaliste Ngeou Yang-sieou qui, à son tour, n'a pas hésité à écrire que le travail d'expurgation de Confucius n'avait pas seulement porté sur des suppressions de stances de vers, mais qu'il avait même consisté dans des changements de mots ou de caractères.

Des déclarations empruntées à de pareilles sources ne sont pas de celles qu'on ébranle aisément, et l'affirmation de l'illustre écrivain qualifié par les sinologues du titre « d'Hérodote de la Chine » pèsera toujours d'un grand poids sur le verdict de l'érudition au sujet des origines et du mode de composition du *Chi King*.

L'ouvrage qu'on appelle communément en Europe le « Livre sacré des Annales » ou la « Bible des Chinois », n'a pas été plus heureux. Le père Amiot a fort bien remarqué qu'en le publiant on avait eu bien moins l'intention de transmettre à la postérité un livre d'histoire qu'un recueil de maximes réunies dans un intérêt gouvernemental. Les documents qui ont servi à le composer n'avaient évidemment pas ce caractère ; mais on a transformé de parti pris ce qui était primitivement un corps d'annales en un véritable traité d'économie politique. Pour parvenir à ce résultat, Confucius dût

---

1. Voy. M. J. Legge, dans ses *Chinese Classics*, t. IV, part. I, p. 2 ; cf. *Mémoires concernant les Chinois*, par les missionnaires de Péking, t. VIII, p. 193.

réduire de moitié le texte du *Chou King* qui se composait de cent chapitres, afin de n'y comprendre que les choses qui pouvaient servir aux intérêts de sa propagande [1].

Les livres publiés par l'école dite des Lettrés étant à peu près les seuls qui soient parvenus jusqu'à nous dans des conditions satisfaisantes d'authenticité [2], on comprend combien il est difficile de connaître l'état intellectuel de la Chine primitive, dont ils ne nous font envisager qu'une seule face. Cependant tout espoir de projeter la lumière sur l'évolution philosophique et religieuse de la haute antiquité chinoise n'est pas absolument perdu ; et bien que Confucius se soit attaché à faire disparaître jusqu'à la moindre allusion au Taoïsme, la lecture même de ses propres ouvrages nous révèle des traces de croyances bien différentes de celles qu'on peut rattacher à l'ensemble de la doctrine préconisée par les *King*. Ce sont ces croyances qui, de plus en plus discréditées dans les classes supérieures de la nation, avaient sans doute provoqué la réaction dont le *Tao-teh King* nous donne un si remarquable exemple.

Bien que nous manquions encore de preuves suffisantes pour l'établir d'une manière définitive, il y a lieu de croire qu'il existait, en Chine, avant le siècle de Lao-tse, une véritable littérature taoïste. Les écrits des

---

1. Le P. Amiot, dans les *Mémoires concernant les Chinois* t. II, pp. 62 et 65. — La version tartare du *Chou King* faite par l'empereur Kien-loung est intitulée *Dasan-i-bitkhé*, c'est à dire « le Livre du Gouvernement. »

2. Les Chinois possèdent un assez grand nombre d'ouvrages qui sont donnés comme des productions littéraires et philosophiques des temps antérieurs à Confucius ; mais la plupart d'entre eux sont des écrits apocryphes qui n'ont parfois de véritablement ancien que le titre, de sorte qu'il est bien difficile de reconnaître ceux où ont pu se conserver des échos de traditions populaires anciennes et d'ailleurs perdues.

successeurs immédiats de ce philosophe, ceux de Lieh Yu-keou et de Tchouang-tcheou en particulier, renferment des citations d'anciens auteurs qui professaient évidemment des opinions subversives aux yeux des partisans de la doctrine de Confucius. Les passages cités de ces auteurs sont peut-être parfois apocryphes ; mais il est probable qu'ils renferment des idées très répandues chez les Chinois des premières dynasties[1]. Tandis que les Confucéistes venaient soutenir les avantages du principe autoritaire, de la hiérarchisation de la société, de la réglementation rigoureuse de la famille, des mœurs et tout particulièrement du cérémonial et de la politesse, la réaction taoïste leur opposait l'esprit de réforme avec une tendance assez marquée vers le scepticisme [2]. Les écrits des continuateurs de Lao-tse sont émaillés de fines ironies, de critiques mordantes qui démontrent leur caractère indépendant et parfois même un peu révolutionnaire. Tandis que Confucius et ses disciples pouvaient exprimer librement leur pensée, on sent que les successeurs de Lao-tse étaient guindés pour énoncer la leur. Les anciens Taoïstes n'ont évidemment pu vivre, en présence de leurs puissants rivaux, que parce qu'ils comptaient de nombreux appuis dans le peuple.

C'est donc par la critique de certains passages des *King* et par l'examen d'un petit nombre de fragments d'anciens écrits taoïstes mentionnés par les successeurs

---

1. On rapporte qu'il existait encore en Chine, dans le siècle qui suivit celui de Confucius, des livres de la haute antiquité où était enseignée la doctrine de la *Ta Tao* ou de la « Grande Voie ». Le philosophe taoïste Tchouang-tse prétend les avoir vus. (*Mémoires concernant les Chinois*, t. IX, p. 290).
2. Voy., à ce sujet, les vues ingénieuses de M. Ernest Faber, dans la *China Review* de 1884-85, pp. 233, 239 et pass.

immédiats de Lao-tse qu'on pourra se former d'abord une idée de la religion populaire des premiers Chinois, et subsidiairement du mouvement de protestantisme religieux qui devait préparer l'éclosion de la philosophie du *Tao-teh King*.

Malgré les efforts de Confucius pour effacer les vestiges de la vieille religion chinoise, et plus encore ceux de la réaction taoïste, il est facile de reconnaître d'une part que les cinq *King* proprement dit n'appartiennent pas à un seul et même courant d'idées, et de l'autre qu'il a été impossible à leur compilateur de cacher une foule de particularités qui trahissent l'existence, chez les Chinois primitifs, d'un vaste polythéisme [1].

Un des cinq *King*, tout au moins, le *Yih King* ou « Livre des Transformations », en dépit des incertitudes qui subsistent sur sa provenance, sa nature et son contenu, semble appartenir à un système moral et religieux très distinct de celui de Confucius. On rapporte que ce livre échappa au décret incendiaire rendu par l'empereur Chi Hoang-ti, sur la proposition de son ministre Li-sse, parce qu'il servait à l'enseignement de la magie fort en honneur à cette époque. Il est probable aussi qu'il a été sauvegardé de la destruction par ce fait qu'il se rattachait dans une certaine mesure

---

1. M. Edkins a remarqué qu'un certain nombre d'idées considérées comme taoïstes, se rencontraient également dans l'œuvre de Confucius (*China Review*, 1884-85, p. 11). La plupart de ces idées me semblent appartenir au travail intellectuel primitif qui devait produire par la suite la doctrine renfermée dans le *Tao-teh King*; et si on les rencontre dans les ouvrages publiés par Confucius, c'est parce qu'il était à peu près impossible à ce célèbre moraliste de ne pas y laisser transpirer quelques-unes des notions philosophiques et religieuses qui étaient celles d'une grande partie du peuple chinois à l'époque de ses prédications.

à la doctrine taoïste devenue celle de l'État, sous la courte mais mémorable dynastie des Tsin[1].

Le *Yih King* est obscur, — je pourrais presque dire inintelligible, — pour les Chinois aussi bien que pour les Européens. La signification primitive de ses trigrammes, où l'on veut découvrir des préceptes de philosophie morale et pratique, a été plusieurs fois perdue, et la manière dont les plus anciens commentateurs les ont expliqué laisse du doute dans l'esprit des savants indigènes comme dans celui des orientalistes. Le peu que nous pouvons comprendre de ce livre bizarre et énigmatique suffit sans doute pour lui assigner une origine différente de celle des autres *King*, mais ne nous en dit point assez pour établir qu'il renferme des affinités certaines avec les théories fondamentales du Taoïsme, ou du moins du Taoïsme tel qu'il nous apparaît avec le livre de Lao-tse.

Ce que nous savons de l'ancienne religion polythéiste de la Chine est, d'autre part, trop rudimentaire pour que nous puissions y trouver la preuve de l'hypothèse relative à des précurseurs de Lao-tse. Il semble toutefois que l'étude de cette religion, en nous faisant connaître l'état intellectuel des premiers Chinois, nous prépare avantageusement à envisager sous son véritable jour le sujet qui nous occupe. Et nous pouvons, je crois, espérer des résultats de cette étude, à la condition de parvenir à dégager le polythéisme originaire de la Chine des superfétations modernes qui sont l'œuvre des

---

1. Plusieurs commentaires du *Yih King* ont été classés parmi les livres taoïstes dans le Catalogue de la Bibliothèque Impériale de Péking. (Voy. *Sse-kou Tsiouen-chou kien-ming mouh-loh*, liv. XIV, pp. 64-65).

taossé. Un tel travail d'élagation est des plus délicats, je le reconnais. Il semble que les prétendus sectateurs de la philosophie de Lao-tse ont tout fait pour en altérer le caractère original et pour introduire dans leurs habitudes religieuses une multiplicité de pratiques et d'objets d'adoration à la fois sans logique, sans mesure et sans connexité réelle avec le véritable Taoïsme [1].

Le mythe de *Pan-kou*, par exemple, qu'un savant orientaliste a cru pouvoir identifier avec celui du *Manou* indien [2], a été mis au lieu et place du *Tao* sous les Han orientaux, c'est-à-dire 56 à 220 ans après notre ère. Il n'en est question ni dans les « Mémoires » de Sse-ma Tsien, ni dans les autres historiens officiels. On ne saurait donc le considérer, — du moins dans la forme sous laquelle les auteurs indigènes nous le présentent, — comme une tradition authentique de la Chine primitive. Il n'est cependant pas impossible que ce mythe ait été emprunté à des sources anciennes.

Un auteur de la dynastie des Soung, nommé Lo-pi, en parle au début de son ouvrage intitulé *Lou-chi* [3]; mais cet ouvrage, malgré une certaine célébrité dont il jouit en Chine, n'a de valeur historique que dans de très rares endroits, et il convient de le considérer comme un écho des légendes malsaines recueillies longtemps après la mort de Lao-tse par les écrivains taosséistes. Dans le passage en question, Lo-pi présente d'abord un récit de la création conçu d'après un système cosmogonique dont on rencontre des traces dans le *Yih King*, et

---

1. Wylie, *Notes on Chinese Literature*, p. 173.
2. Pauthier, *Chine*, p. 22.
3. Lo-pi désigne *Pán-kou* sous le nom de *Hoën-tun chi* « l'Être chaotique » (*Lou-chi*, livr. I).

qui pourrait bien appartenir à la période évolutive durant laquelle les Chinois ont essayé de donner un corps à leurs premières conceptions religieuses. Ce système, où l'on voit combinées les transformations successives du *Taï-yih* ou Grande-Unité initiatrice et originelle avec le dualisme du *Yin* et du *Yang* ou principes femelle et mâle, se retrouve exposé tout au long dans le livre du philosophe Lieh-tse. Des métamorphoses de la Grande-Unité dérive la Substance universelle, en partie subtile, en partie pesante. La partie subtile, par sa pureté et sa légèreté, s'élève et forme le Ciel ; la partie lourde, par son impureté et sa pesanteur, tombe et forme la Terre ; de leur essence, produite dans des conditions harmonieuses, naît l'Homme, qui complète ainsi la *San-tsaï* ou série Trinitaire des éléments constitutifs de la création [1].

Si l'on peut trouver dans le mythe de Pan-kou quelques linéaments qui le rattachent à la religion des anciens Chinois, il appartient évidemment à un courant d'idées tout autre que celui dont le Chang-ti est la plus haute expression divinisée. On sait que dans ces mots *Chang-ti*, qui signifient « Suprême souverain », plusieurs sinologues ont vu la personnification du monothéisme de la Chine primitive ; mais il reste à cet égard bien des incertitudes que les longues et savantes disputes des orientalistes ne sont pas parvenues à faire disparaître. La voix autorisée d'un éminent missionnaire américain rend légitimes toutes les hésitations et toutes les réserves : « Il y a de fortes raisons, dit Wells

---

1. Lo-pi, *Lou-chi*, sect. Sien-ki, livr. I ; Lieh-tse, *Tchoung-yu tchin King*, livr. I, p. 3 et sv.

Williams, pour conclure que les premiers souverains chinois adoraient, sous le nom de *Chang-ti*, les esprits de leurs ancêtres déifiés et qu'ils leur adressaient des prières pour être secondés. Un *Chang-ti* était suffisant comme gardien de l'Empire et se perpétuait de dynastie en dynastie, quelque fût la famille qui occupât le trône. Des pouvoirs sans limite lui étaient assignés, tandis que le souverain régnant voulait réunir dans ses dévotions et ses sacrifices tous ses prédécesseurs dont il désirait le concours spirituel. L'idée comprend, en conséquence, beaucoup de monarques qui avaient reçu l'apothéose ; et, en leur qualité de gardiens du trône qu'ils avaient occupé pendant un temps, tous ces monarques étaient et sont encore invoqués pour leur appui spirituel par leurs héritiers jusqu'à ce jour.

« Pour bien saisir le sens de beaucoup de passages du *Chi King* et du *Chou King*, ajoute le savant sinologue américain, il est nécessaire de les lire en donnant une telle explication aux mots *Chang-ti*, et aucune autre ne s'y prêterait aussi bien. Il est hors de doute que l'idée radicale du mot *ti* entraîne celle d'un souverain du plus haut rang, mais il n'en faut pas tirer cette conclusion que *Chang-ti* soit l'équivalent de « Dieu » ; et l'on ne saurait traduire par ce terme le « Jéhovah » de la *Bible*, sans s'exposer aux plus sérieuses erreurs [1]. »

S'il reste des doutes, à bien des égards justifiés, sur le monothéisme de la Chine antique, il n'en est pas de même au sujet du polythéisme dont l'existence est établie par plusieurs anciens monuments littéraires de

---

[1]. Notice insérée par Wells Williams, dans son *Syllabic Dictionary of the Chinese language*, au mot *ti*. Cf. Eitel, dans la *China Review*, 1878-79, p. 390.

la dynastie des Tcheou et peut-être même par des écrits qui remontent à des temps encore plus reculés. Ce polythéisme s'est traduit par des déifications en nombre illimité à partir de l'époque de la dégénérescence du Taoïsme sous l'empereur Chi Hoang-ti, et probablement un siècle à un siècle et demi avant l'élévation au trône de ce puissant fondateur de la monarchie autocratique en Chine.

Si le culte des ancêtres rentre particulièrement dans le cadre de la doctrine confucéiste, il n'en est pas ainsi du culte des Génies des montagnes, des rivières, des arbres, des plantes, auxquels il est fait allusion dans le *Chi King* et dans plusieurs autres livres anciens. Ces génies appartiennent évidemment à la période primitive d'évolution du peuple aux Cheveux-Noirs. La foi dans l'existence d'êtres occultes et surnaturels, doués du pouvoir de punir ou de récompenser les hommes, et même de rompre à leur gré l'ordre établi dans la nature, a été la foi originelle des nations naissantes sous toutes les latitudes.

Les *Chin* ou Génies, — qu'il ne faut pas confondre avec les *Sièn* ou Immortels, — sont mentionnés dans les *King*, mais on sent qu'ils n'y ont conservé une place d'ailleurs assez modeste que parce qu'il était impossible de ne tenir aucun compte d'une croyance profondément enracinée dans l'esprit du peuple. Confucius a fait des efforts évidents, et qui ont réussi dans une certaine mesure, pour leur retirer le caractère qu'ils avaient dans la vieille mythologie de ses compatriotes. Le « Génie » de l'école des Lettrés n'est plus la déification d'une force de la nature, comme dans les

Védas : c'est la vague qualification de l'état surnaturel des êtres qui ont acquis une somme de vertu supérieure à celle du commun des humains ; souvent même ce n'est rien autre chose que la dénomination des ancêtres appelés aux honneurs de l'apothéose.

Dans le *Yih King* seul, l'idée de Génie est manifestement rattachée au dualisme qui caractérise une des phases originelles de la religion des anciens Chinois. On y lit, en effet : « Ce qui est inscrutable dans le principe femelle et dans le principe mâle se nomme *chin*. Dans le *Kia-yu*, les Génies sont déjà anthropomorphisés ; on les définit « des êtres qui ne mangent pas et qui ne meurent pas ». Suivant un autre ouvrage, « dans les montagnes, les forêts, les rivières, les lacs, les tertres, les collines, ceux qui peuvent produire des nuages ou provoquer le vent et la pluie, tout enfin ce qui paraît extraordinaire est généralement appelé *chin* »[1]. Lieh-tse dit à son tour : « Sur les montagnes, il y a des *chin* : ils se nourrissent du vent et s'abreuvent de la rosée ; ils ne mangent point les cinq espèces de grains. Leur cœur est semblable à la source d'un abîme ; leur forme est celle d'une vierge ; ils n'ont point d'attachement, ils n'ont pas d'amour [2] ».

Parmi les anciens ouvrages chinois qui, en dehors des *King* de l'école de Confucius, nous ont conservé le souvenir du culte des Génies, l'un des plus importants est peut-être le *Chan-haï King* [3]. Cet ouvrage, qui est

---

1. *Youen-kien loui-han*, t. CCCXX, p. 1.
2. *Tchoung-hiu tchin King*, édit. jap., liv. II, p. 3.
3. J'ai fait paraître la traduction de la première partie de cette antique géographie chinoise dans les *Mémoires du Comité Sinico-Japonais* (tt. IV à IX ; l'impression de la seconde et dernière partie commencera cette année.

sans doute la plus vieille géographie du monde, ne renferme pas seulement le nom des Génies spéciaux aux différentes montagnes de la Chine, mais on y trouve de curieuses indications sur les cérémonies pratiquées en l'honneur de chacun d'entre eux. Ces cérémonies comprenaient le plus souvent, — mais non point toujours, — des sacrifices d'animaux et des offrandes de riz et de vin. On les accomplissait sur des tertres artificiels environnés d'une plate-forme qu'on nivelait avec soin. Des objets en jade, des tablettes votives de différentes formes, ou bien des sceptres fabriqués avec une pierre précieuse comptaient au nombre des offrandes ; et c'est sans doute dans l'intention de les faire parvenir aux génies qu'on les enterrait à la fin du service sacré. On trouve, dans le même livre, des traces de danses religieuses pratiquées avec le concours d'armes et de divers instruments de musique.

La forme attribuée aux Génies des montagnes et des eaux était presque toujours fantastique. Ces sortes de divinités tenaient à la fois de l'homme et des animaux. Leur demeure favorite était dans les gorges inaccessibles des montagnes ou dans le gouffre des rivières. Lorsqu'ils paraissaient aux regards des humains, le vent soufflait avec fureur, la pluie tombait à torrents ; autour d'eux apparaissaient des lueurs extraordinaires.

Le *Chan-haï King* nous apporte un autre genre de faits très intéressant pour l'étude des origines religieuses et politiques des Chinois. On y trouve le polythéisme primitif associé aux annales de leurs premiers empereurs. La légende des filles de Yao, par exemple, données toutes les deux en mariage par ce prince à son successeur Chun et transformées plus tard en génies tutélaires de la rivière Siang, se rencontre dans la vieille géographie. Ce ne sont donc pas les seuls taossé qu'il faut rendre responsables, comme on le fait d'ordinaire, de toutes ces aberrations religieuses qui placent si bas le culte primitif de la Chine et rendait inévitable l'éclosion d'un système cosmogonique fondé, si non sur la connaissance des choses de la nature, du moins sur un remarquable travail de raisonnements purs ou à-prioriques, tel que nous en présente l'œuvre du philosophe Lao-tse.

Dans les conditions actuelles des études sinologiques, le polythéisme de la Chine anté-confucéiste ne paraît pas être sorti de l'état le plus grossier et le plus rudimentaire. On n'aperçoit pas l'idée de synthèse qui a pu provoquer sa formation, si tant est qu'une idée générale ait jamais présidé à ses premiers développements. Tel qu'il nous apparaît aujourd'hui, il n'indique rien de plus que le balbutiement d'un peuple encore embarrassé dans les langes de son berceau. Rien en effet ne nous autorise jusqu'à présent à attribuer une plus haute valeur intellectuelle à la forme religieuse que nous rencontrons aux âges primordiaux de la race Jaune. Aucune des conceptions philosophiques qui se produisent dans le *Tao-teh King* d'une façon aussi puissante, — on pourrait dire aussi audacieuse, — ne se révèle, même à l'état embryonnaire, dans l'histoire de l'antiquité chinoise. On n'y trouve pas la moindre idée de la métempsycose, à côté des créations purement fantaisistes du polythéisme primitif. En revanche, il y est souvent question de métamorphoses dont la conception exige moins d'efforts d'intelligence que celle de la renaissance ou de la transmigration des âmes. Les livres indigènes renferment de nombreux récits de ces métamorphoses qui sont racontées de la façon la plus naïve, sans que leurs auteurs éprouvent le besoin d'en signaler la nature enfantine et imaginaire. La plupart de ces récits revêtent en outre une forme bizarre et à peine dégrossie qui exclue toute sentimentalité et toute poésie. Le progrès de la civilisation devait nécessairement les faire tomber en discrédit et provoquer une réaction. Cette réaction se traduisit sans doute bien plus par les théories du Taoïsme que par l'enseignement purement moral et au fond très conservateur de Confucius. Il nous est toutefois bien difficile d'en apprécier le caractère et la portée, car les ouvrages qui auraient dû nous instruire à son égard sont en général perdus ; et ce n'est guère que dans les œuvres des philosophes postérieurs de plusieurs siècles à Lao-tse que nous pouvons en découvrir quelques indices. Malgré leur insuffisance, malgré les doutes qu'ils provoquent, ce sont évidemment ces indices qu'il convient d'examiner pour éclaircir tant soit peu le problème des origines à jamais obscures de la conception taoïste.

Un ouvrage intitulé *Yin-fou King*, de beaucoup antérieur à celui de Lao-tse et renfermant un premier aperçu des idées de ce philosophe, passe pour avoir été composé par l'empereur Hoang-ti, dont les historiens chinois placent l'avènement à la fin du XXVIIe siècle avant notre ère. Cet ouvrage, — si tant est qu'il ait jamais existé, — a été perdu, et celui que l'on possède aujourd'hui sous le même titre est considéré comme apocryphe. La composition de celui-ci remonte cependant à une époque au moins aussi ancienne que le XIIe siècle et pourrait bien être une production de Li-tsiouèn, auteur du VIIIe siècle, auquel on doit en outre un traité sur l'art militaire. Ce Li-tsiouèn avait-il eu à sa disposition des documents sur le Taoïsme plus anciens que le *Tao-teh King*? On l'ignore. Son livre est néanmoins considéré comme une œuvre de mérite, et le savant exégète Tchou-hi n'hésite pas à lui accorder une place parmi les monuments de la littérature nationale de la Chine [1]. Quoiqu'il en soit, ce n'est pas avec un ouvrage aussi suspect qu'il est possible de rien établir au sujet du Taoïsme primitif; et le *Yin-fou King* ne cessera sans doute point d'être relégué au rang des livres apocryphes ou légendaires.

Il est cependant certain que bien longtemps avant la renaissance des lettres sous la dynastie des Han, la tradition considérait Hoang-ti comme un précurseur des idées taoïstes. Le philosophe Lieh Yu-keou qui florissait au commencement du IVe siècle avant notre ère et que l'on désigne comme le successeur immédiat de Lao-tse, a consacré à ce prince un chapitre spécial de son ouvrage, dans lequel il est fait allusion à ses théories morales et politiques. Le livre de Lieh Yu-keou, comme je l'ai dit, est assez généralement considéré comme authentique; mais il est probable qu'il ne l'est qu'en partie. Les passages relatifs à Hoang-ti seraient-ils apocryphes? Je suis tenté de le croire, bien qu'il me manque des éléments de contrôle indispen-

---

1. Wylie, *Notes on Chinese Literature*, p. 173; cf. *Sse-kou tsiouen-chou kien-ming mouh-loh*, liv. XIV, p. 57.

sables pour me prononcer en connaissance de cause. Rien n'autorise à dire que Lieh-tse ait connu l'œuvre attribuée au fondateur de la monarchie chinoise, et encore moins qu'il en ait donné des extraits ; mais il n'est pas invraisemblable qu'il ait eu à sa disposition des documents déjà fort anciens à son époque et auquel la voix populaire attribuait alors une royale origine. A moins que Lieh-tse, qui était un esprit fantaisiste à son heure, ait inventé de toutes pièces les opinions qu'il prête à Hoang-ti, dans l'unique espoir d'obtenir pour ses doctrines l'appui d'une personalité considérable et très vénérée chez ses compatriotes.

On trouve notamment dans le *Tchoung-yu tchin King*, dont on ne possède pas encore de traduction, le récit d'un voyage fait en rêve par l'empereur Hoang-ti, où il est bien difficile de ne pas reconnaître des analogies avec le système gouvernemental préconisé par le philosophe Lao-tse. Ces idées auraient été aussi celles du saint empereur Yao, que Confucius nous représente comme pénétré de principes tout à fait différents. C'est du moins ce que raconte un autre philosophe de la même époque, Tchouang-tcheou ou Tchouang-tse, qui, lui aussi, fait mention d'un pays imaginaire auquel il donne le nom de *Kien-teh koueh* « le Royaume où l'on édifie la Vertu [1]. »

On ne lira peut-être pas sans intérêt le récit du voyage de Hoang-ti au pays de *Hoa-siu*, où perce l'ironie si caractéristique et souvent si paradoxale qui se rencontre à chaque instant dans l'œuvre de Lieh Yu-keou.

---

1. *Nan-hoa King*, chap. Chan-mouh (édit. jap., t. VI, p. 45).

Suivant le commentaire exégétique de l'édition dite *Keou-i*, l'idée que renferme le voyage à Hoa-siu est la même qu'on rencontre dans le *Chan-mouh pièn* de Tchouang-tse. Le système suivant lequel Hoang-ti gouverna l'Empire changea du tout au tout pendant son règne : il débuta par le sentiment et finit par le non-sentiment ; il commença par l'action et termina par le non-agir [1].

Bien que, dans la pensée chinoise, le saint homme ne rêve point, Hoang-ti eut un songe, durant lequel il voyagea dans le royaume de *Hoa-siu* [2]. C'est un pays situé à une distance tellement considérable qu'on n'y parvient ni en barque, ni en char, ni en marchant à pied. Les Génies seuls peuvent s'y rendre. Ce royaume n'a pas de chef et se gouverne spontanément. Le peuple n'y a pas de désirs ; il ne sait pas aimer la vie, il ne sait pas détester la mort. Il en résulte qu'il ne souffre pas des fins prématurées. Il ne sait pas s'aimer soi-même ; il ne sait pas détester autrui. En conséquence, il est sans amour et sans haine. Il ne sait pas tourner le dos et se révolter ; il ne sait pas aller au-devant (de quelqu'un) et obéir. De la sorte, il n'éprouve ni avantage ni infortune. Il n'y a absolument rien qu'il chérisse ; il n'y a absolument rien qu'il redoute. Il entre dans l'eau et ne se mouille pas ; il entre dans le feu et ne se brûle

---

1. *Lieh-tse Keou-i*, t. II, p. 2.
2. *Hoa-siu* était la mère de l'empereur Fouh-hi (dont on reporte le règne à plusieurs siècles avant la naissance d'Abraham et même parfois à une époque antérieure au déluge biblique.) Au temps où Soui-jin gouvernait les hommes, elle marcha au bord du lac Loui-tseh sur l'empreinte du pied d'un grand homme, et fut aussitôt enceinte. Elle donna le jour à Fouh-hi. C'est dans le royaume de cette princesse que l'empereur Hoang-ti voyagea en songe. (*Peï-wen-yun-fou*, t. VI, p. 99).

pas. L'amputation et les coups ne lui causent ni blessure ni douleur ; il est insensible à la souffrance. Il parcourt le Ciel comme s'il marchait à pied, et se couche dans l'espace comme dans un lit. Les nuages et le brouillard n'arrêtent point sa vue ; le bruit du tonnerre ne trouble pas ses oreilles. Le bien et le mal ne pénètrent pas dans son cœur. Les montagnes et les vallées ne gênent point ses pas. Il agit comme les Génies, et voilà tout.

Puis Hoang-ti se réveilla.

Le philosophe Tchouang-tse, lui aussi, prête à Hoang-ti des idées qu'on serait tenté de prendre plutôt pour une superfétation des théories de Lao-tse que pour leur point de départ. Ce prince aurait préconisé l'avantage du non-agir [1], comme étant la base essentielle de la vertu. Dans l'apologue du voyage de la Pensée au Nord, celle-ci, après avoir en vain questionné la Parole Inactive et la Folie Opiniâtre pour savoir comment on peut arriver par la réflexion à comprendre le *Tao*, s'adressa à l'empereur Hoang-ti qui lui répondit : « C'est par l'absence de pensée et de réflexion qu'on peut s'initier au Tao ; c'est en renonçant à l'établir et à le comprendre qu'on peut s'initier à le connaître dans le calme ; c'est en ne s'y attachant pas et en ne le poursuivant pas qu'on peut s'initier à l'atteindre. La Parole Inactive avait raison, et la Folie Opiniâtre n'en était pas loin. Or celui qui sait ne parle pas ; celui qui parle ne sait pas. C'est pourquoi le Sage suit le système du silence. On ne saurait attein-

---

1. Le non-agir (en chinois : *wou-weï*) est également mentionné par Confucius comme une vertu, à propos de l'empereur Chun. Il faut entendre par là que la sagesse du prince était telle que son exemple était suivi par tout son peuple, sans qu'il ait besoin d'intervenir pour le rappeler au devoir.

dre au Tao ; on ne saurait arriver à la Vertu. Le sentiment d'Humanité, on peut l'acquérir ; mais la Justice ne saurait être obtenue. Le Cérémonial est l'hypocrisie mutuelle [1]. On peut dire en conséquence : Lorsqu'on perdit le Tao, la Vertu le remplaça ; lorsqu'on perdit la vertu, le sentiment d'Humanité la remplaça ; lorsqu'on perdit le sentiment d'humanité, la Justice le remplaça ; lorsqu'on perdit la justice, le Cérémonial la remplaça. Le cérémonial est la floraison (c'est à dire la dernière dégénérescence) du Tao et le principe du désordre. C'est pourquoi il est dit : « Ceux qui pratiquent le Tao repoussent chaque jour davantage l'hypocrisie du cérémonial jusqu'à ce qu'ils soient parvenus à l'Inaction ; et du moment où ils sont parvenus à l'Inaction, il n'y a rien qu'ils ne puissent faire [2]. »

Ce passage rappelle certainement les théories du *Tao-teh King* au sujet du non-agir [3] ; mais il est bien difficile de savoir si Tchouang-tse les a réellement empruntées à un auteur plus ancien que Lao-tse, ou s'il n'a fait qu'attribuer par caprice les conceptions de ce philosophe à l'empereur Hoang-ti.

Les livres de Lieh-tse et de Tchouang-tse renferment d'ailleurs une foule de passages dans lesquels on rapporte des paroles attribuées à d'autres sages de la haute antiquité, sans que nous ayons les moyens de savoir quelle somme de crédit il convient de leur accorder. Ces passages sont-ils suffisants pour nous permettre d'ap-

---

1. Allusion à l'École de Confucius qui considère le Cérémonial et les Rites comme une des bases les plus importantes de l'édifice social. — Le cérémonial est pratiqué en Chine par toutes les classes de la population et dans toutes les circonstances de la vie publique ou domestique.
2. Tchouang-tse, *Nan-hoa King*, sect. Tchi peh-yeou.
3. Lao-tse, *Tao-teh King*, part. I, chap. 3, et pass.

précier le travail intellectuel qui a servi de préparation à l'œuvre entreprise dans le *Tao-teh King* ? J'hésite à le penser ; mais ils me semblent de nature à nous convaincre que ce travail a réellement existé et qu'il était devenu nécessaire par suite de la dégradation dans laquelle le polythéisme des hautes époques tombait de jour en jour davantage. On y voit se dessiner les premiers contours d'une révolution intellectuelle contre un culte grossier, puéril, et à tous égards insuffisant, révolution suscitée pour répondre aux tendances inquiètes et spéculatives des esprits éclairés. La Chine, au VIIe siècle avant notre ère, cherchait évidemment une voie : elle se tournait tantôt vers le monothéisme, tantôt vers le panthéisme, sans arriver à découvrir une formule de nature à satisfaire ses aspirations religieuses et philosophiques. Lao-tse apparut à une de ces heures solennelles où s'émancipent et se transforment les idées des peuples. Les aperceptions de cet illustre penseur étaient immenses, mais le milieu où il les avait acquises n'offrait pas les conditions voulus pour les élaborer. Son isolement de parti pris ne lui permettait pas d'avoir des collaborateurs. Les enseignements si pratiques de Confucius, son contemporain et son rival, lui retiraient en outre l'utile concours des masses. Ses doctrines ne devaient réellement produire une école qu'après avoir été dénaturées de fond en comble. L'idiome dont il faisait usage prêtait aussi, peut-être plus qu'aucun autre, aux malentendus et aux inconvénients de la logomachie. Ses aphorismes pouvaient être compris d'une foule de manières différentes, et souvent même ne se présenter à l'esprit que sous une forme absolument sophistique et paradoxale. La lecture du *Tao-teh King* amène au premier abord à cette sévère conclusion. Ce n'est qu'en usant à force et parfois même en abusant des procédés de l'exégèse et de la critique qu'on parvient à donner un sens raisonnable à certains passages qui, sans cela, seraient dépourvus de toute signification sérieuse et compréhensible.

Le Taoïsme, quelque soient ses origines et la valeur de sa première élaboration, n'en est pas moins une doctrine extraordinaire qu'on doit considérer comme la plus haute formule de l'esprit chinois dans l'antiquité ; et si le Bouddhisme n'avait pas été introduit en Chine quelques siècles plus tard, il est probable que la doctrine de Lao-tse, au lieu de venir misérablement échouer entre les mains des taossé, aurait été reprise en sous œuvre par des hommes capables de l'éclaircir, de la compléter et d'en faire le point de départ d'une puissante création philosophique pour les peuples de race Jaune [1]. Le Taoïsme a laissé une trace remarquable dans l'arène de l'esprit humain ; et s'il a manqué des conditions nécessaires pour avoir une influence continue sur la civilisation chinoise, il n'en compte pas moins parmi les plus remarquables tentatives du génie asiatique pour comprendre les lois de la nature et résoudre le problème de l'origine des êtres et des fins de la création.

[1]. Nous étudierons ailleurs certaines analogies qui rapprochent le Taoïsme du Bouddhisme, et qui ont probablement facilité l'introduction de cette dernière doctrine chez les Chinois.

II

LA VIE DE LAO-TSE.

Malgré les légendes pour la plupart grossières et puériles dont certains auteurs indigènes ont environné l'histoire de Lao-tse, l'existence réelle de ce philosophe ne saurait être un objet de doute. Le *Tao-teh King*, qui a fait passer son nom à la postérité, paraît également d'une origine incontestable. Il faut regretter néanmoins que les données authentiques qui nous ont été transmises sur l'écrivain et sur le livre soient à bien des égards insuffisantes.

La source la plus sûre d'information à laquelle il soit possible de recourir est certainement la notice consacrée à Lao-tse par Sse-ma Tsièn, surnommé l'Hérodote de la Chine [1]. Ce célèbre historiographe, dont la critique et la véracité sont reconnues par tous les sinologues, vivait au IIe siècle avant notre ère, c'est-à-dire environ trois cents ans après l'époque qui nous préoccupe. On était alors au début de la renaissance des lettres si éprouvées durant le règne terrible de Chi Hoang-ti, le fameux incendiaire des livres [2]. Bien qu'une foule d'ouvrages aient échappé à l'édit de destruction rendu

---

[1]. Voy., sur ce grand historien et ses *Sse-ki*, Ma Touan-lin, *Wen-hien toung-kao*, livr. cxci ; le P. Amiot, dans les *Mémoires concernant les Chinois*, t. I, p. 81 ; Abel-Rémusat, *Nouveaux Mélanges asiatiques*, t. II, p. 132.

[2]. Cet événement eut lieu en l'an 213 avant notre ère.

par ce prince sur le rapport de son ministre Li-sse et que la doctrine taoïste ait joui sous ce règne d'une sorte de protection officielle provenant de la haine de l'autocrate des Tsin contre celle de Confucius et de son école, il est probable que les documents sur les temps anciens étaient devenus assez rares et que les traditions sur le compte de Lao-tse se trouvaient déjà trop saturées de fables pour que le véridique annaliste des Han ait consenti à leur faire de larges emprunts. Il en est résulté que la biographie que nous devons à Sse-ma Tsièn est très courte et même obscure en certains endroits, notamment là où elle traite du *Tao-teh King* et de la disparition finale de son auteur dans les régions énigmatiques de l'Occident.

L'histoire de la vie de Lao-tse repose néanmoins sur cette biographie, et c'est avec beaucoup de réserve qu'on peut essayer de la compléter avec quelques passages relatifs au fondateur du Taoïsme que l'on rencontre dans les écrits de Lieh-tse et de Tchouang-tse. Quant aux anecdotes consignées dans les écrits postérieurs des taosséistes, c'est à peine s'il est possible d'y recourir sans s'exposer à se perdre dans le domaine du roman et de la fantaisie.

Lao-tse n'est pas un nom propre : c'est un qualificatif, ou si l'on veut un titre d'honneur qui signifie le « Philosophe-Vieillard », ou plutôt le « Philosophe vénérable ». Ce titre a ouvert la porte à une légende. On a profité de ce que le mot *tse*, par lequel on entend un « philosophe », veut dire également un « enfant » pour raconter que le nom de Lao-tse indiquait un « enfant-vieillard », parce que ce personnage à sa naissance avait déjà tellement réfléchi que ces cheveux en étaient devenus blancs [1].

Les noms chinois étant d'ailleurs significatifs, tout en ayant le plus souvent cessé de représenter une allusion primitive, on aurait pu certainement traduire les mots *Lao-tse* par le « philosophe Lao », sans y voir quoique ce soit qui rappelât l'idée de « vieillard » ; mais il est inutile de se préoccuper ici d'une étymologie onomastique, puisque Sse-ma Tsièn nous fait connaître le véritable nom de l'auteur du *Tao-teh King* [2].

Les célèbres Mémoires de ce grand historiographe [3] nous apprennent en effet que Lao-tse avait pour nom patronymique *Li* [4], pour petit nom *Eul*, pour titre *Peh-yang*, et qu'il reçut le titre posthume de *Tan* [5]. Suivant la tradition la mieux établie, dit Julien [6], il naquit la 3ᵉ année du règne de *Ting-wang*, de la dynastie impériale des Tcheou, c'est-à-dire en l'an 604 avant notre ère [7]. Cette date toutefois ne se rencontre

---

1. *Tao-teh King kiaï*, Prolégomènes, p. 1 ; *Youèn-kièn loui-han*, t. CCCXVIII, p. 5. — On a prétendu également que l'auteur du *Tao-teh King* était appelé *Lao-tse*, c'est-à-dire le « Vieux Philosophe », parce qu'il avait composé son livre à un âge très avancé (*Peh-meï Kou-sse*, livr. III, p. 9).
2. Le commentaire des *Sse-ki* nous dit formellement que *Lao-tse* est une désignation honorifique et non point un nom propre.
3. Sse-ma Tsièn, *Sse-ki*, livr. LXIII.
4. Ou plutôt ce nom était celui de sa mère. Au moment où naquit Lao-tse, celle-ci se promenait sous un prunier, arbre qui s'appelle *li* en chinois, de sorte qu'on lui donna le nom de *Li*. Ce serait d'ailleurs l'enfant lui-même qui, sachant déjà parler à sa naissance, aurait demandé à sa mère de le nommer Li. (Voy. *Youèn-kièn loui-han*, t. CCCXVIII, p. 5.
5. Suivant un commentateur, le nom de *Tan* signifiait « qui a l'ouïe dure » (*Tao-teh King tsih-tchu*, Prolégomènes, p. 1).
6. *Le Livre de la Voie et de la Vertu*, p. XIX.
7. Il n'est pas sans intérêt de rappeler ici quelques dates de naissances sur lesquelles il subsiste d'ailleurs des incertitudes, mais qu'il convient peut-être de rapprocher de celle du philosophe Lao-tse. On fait naître le bouddha Çâkya-mouni vers 622 avant notre ère ; — Zoroastre vers 650 avant notre ère (et suivant quelques auteurs beaucoup plus tôt) ; — Pythagore vers 608 ou 572 avant notre ère ;

pas dans l'œuvre de l'historiographe Sse-ma Tsièn. C'était un homme du royaume de *Tsou*, province actuelle du *Ho-nan*, district *Kou-hièn*, territoire de *Laï*, village de *Kioh-jin*. Ce district Kou-hièn aurait été une dépendance du royaume de *Tchin*[1], suivant le *Ti-li tchi* ; cette déclaration est erronée. Le Kou-hièn était bien à l'origine une annexe du royaume de Tchin ; mais, à l'époque du *Tchun-tsieou*, ce royaume fut anéanti par celui de Tsou, de sorte qu'il faut dire qu'il était une dépendance de *Tsou*. Le *Ta-kang ti ki* ajoute : « A l'Est de ce district Kou-hièn, se trouvait le village de Laï, où est né Lao-tse ». Ce personnage remplissait les fonctions de gardien du palais des Archives Royales, à la cour des Tcheou.

Comme on le voit, l'état civil de Lao-tse est établi avec précision dans l'histoire de la Chine. Les commentateurs de Sse-ma Tsièn ajoutent que la taille de ce philosophe était de huit pieds et huit pouces chinois, qu'il avait le teint jaune, de beaux sourcils, des oreilles longues, de grands yeux, un front large, des dents écartées, une bouche carrée, des lèvres épaisses, etc. Ces mêmes commentateurs, qu'il me paraît inutile de citer plus au long, prétendent que sa mère lui donna le jour alors qu'elle était âgée de 81 ans[2], et se font un

---

Confucius en 551 avant notre ère. — Le fait que Lao-tse a été le contemporain de Confucius est établi par le témoignage du *Li-ki* (I, 24 ; II, 22, 24, 28), des *Kia-yu*, (art. 11, 24), du côté confucéiste ; et par Lieh-tse, Tchouang-tse et Sse-ma Tsièn (Biographie de Lao-tse), du côté taoïste (Dr Legge, dans la *British Quaterly Review*, de juillet 1883).

1. Le chef-lieu du département actuel où se trouvait ce royaume est situé, d'après les observations des missionnaires, par 33° 46m de lat. N., et par 112° 42m 30s de long. E.

2. Ou de 72 ans, suivant une autre tradition. (*Youèn-kièn loui-han*, t. CCCXVIII, p. 6).

devoir de raconter toute une série d'événements extraordinaires sur les temps qui ont précédé et suivi sa naissance. Les taosses, à leur tour, ont noyé le peu de renseignements authentiques ou tout au moins vraisemblables que l'on possède sur les premières années de la vie de ce personnage dans un océan de contes merveilleux dont nous n'avons pas à nous occuper ici.

Le fait le plus important qu'on puisse recueillir dans la notice du grand historiographe Sse-ma Tsièn, et celui qui d'ailleurs prend place immédiatement après les quelques indications onomastiques que nous venons de rapporter, est le récit de la visite de Confucius à ce philosophe [1]. On y voit, d'une part, un témoignage de la haute réputation dont jouissait Lao-tse, et, de l'autre, le dédain, pour ne pas dire le mépris, qu'il témoigna au célèbre moraliste de Lou qui n'avait pas cru pouvoir se dispenser de lui demander un moment d'audience.

Voici ce récit, tel qu'il se trouve dans les *Mémoires historiques* de Sse-ma Tsièn :

« Confucius se rendit dans le pays de Tcheou pour pour interroger Lao-tse au sujet des Rites.

« Lao-tse lui dit : « Les hommes dont vous parlez, aussi bien que leurs os, ont tous disparu et sont tombés en pourriture. Leurs paroles seules subsistent. Lorsque les temps sont favorables pour le Sage, il est en honneur ; lorsqu'ils lui sont défavorables, il erre au hazard.

---

[1]. On prétend que cette visite eut lieu à Lo-yang, province de Ho-nan, près de la ville de Loh, en l'an 502 avant notre ère, alors que Confucius était âgé de 49 ans et Lao-tse de 102 ans (!). Il y a des motifs pour croire que cette date est fautive et qu'il vaut mieux reporter l'événement à l'année 521 avant notre ère. (Cf. Puini, *Il Buddha, Confucio e Lao-tse*, p. 437). Le Dr Legge a adopté la date de 517, époque à laquelle Confucius avait 35 ans et Lao-tse 88 ans. (*British Quaterly Review*, juillet 1883, et extrait, p. 8).

J'ai entendu dire qu'un habile marchand cachait soigneusement ses richesses de façon à laisser croire qu'il ne possédait rien. Le Sage, dont la vertu est accomplie, a les allures de l'ignorance sur son visage.

« Chassez votre air orgueilleux et vos nombreux désirs, vos manières insinuantes et vos vues déréglées : tout cela ne sert à rien à votre personne. C'est là tout ce que j'ai à vous dire [1] ».

Confucius, congédié de la sorte et quelque peu abasourdi, se trouva sans doute fort embarrassé lorsque ses disciples le prièrent de leur communiquer sa manière de voir à l'égard de Lao-tse. La grande réputation de sagesse dont jouissait l'homme qu'il venait de visiter, et peut-être plus encore le respect pour la vieillesse que le moraliste de Lou recommandait comme un devoir solennel dont il n'est jamais permis de se départir, ne lui permettaient point des critiques formelles. Il tourna la difficulté et répondit à ses interrogateurs un peu indiscrets dans un langage énigmatique qui était à la mode en Chine à cette époque :

« Les oiseaux, je sais qu'ils peuvent voler ; les poissons, je sais qu'ils peuvent nager ; les quadrupèdes, je sais qu'il peuvent courir. Celui qui court peut être saisi dans un piège ; celui qui nage peut être pris à la ligne ; celui qui vole peut être atteint par une flèche. Quant au dragon, j'ignore comment il monte sur le vent et les nuages pour s'élever jusqu'au ciel. Aujourd'hui, j'ai vu Lao-tse : il est semblable au dragon ! [2] »

Ces paroles ont été comprises par les uns comme un

---

1. Sse-ma Tsièn, *Sse-ki*, livr. LXIII, p. 1.
2. *Libr. citat.*, p. 2.

éloge ; d'autres y ont vu l'expression mal dissimulée d'un sentiment d'amertume caché sous des dehors ironiques. Confucius ne pouvait d'ailleurs professer qu'une bien médiocre sympathie pour un philosophe sévère et peu abordable, ennemi de toute propagande, et qui cultivait un système d'idées diamétralement opposé au sien.

Lao-tse pratiqua le Tao et la Vertu. Il voulut vivre dans l'obscurité, sans attacher de prix à la réputation. Il demeura longtemps dans le royaume des Tcheou. Lorsqu'il vit leur dynastie tomber en décadence, il abandonna sa charge et se rendit à une barrière située aux limites du domaine royal[1]. Le gardien de cette barrière, nommé *In-hi*, lui dit alors : « Vous avez résolu de vivre dans la retraite ; je vous prie de composer un ouvrage pour mon instruction. Lao-tse y consentit et rédigea un livre en deux parties, où il exposa le sens du *Tao* et celui de la Vertu. Cet ouvrage renfermait cinq milliers de caractères. Puis il s'en alla. On ne sait où il termina son existence[2] ».

La fin de la vie de Lao-tse, comme on le voit, nous est rapportée dans les termes les plus obscurs. L'indication de l'endroit où il rédigea le *Tao-teh King* ne se trouve pas même indiquée dans la notice de Sse-ma Tsièn qui se borne à l'appeler « une barrière ». Quelques auteurs ont cru pouvoir en préciser l'endroit et la placer à 52 lis au sud-est du district de *Tchin-tsang*,

---

1. On rapporte que Lao-tse fit son voyage dans l'ouest, monté sur un bœuf de couleur bleuâtre (*Tao-teh King tsih-tchu*, Prolégomènes, p. 2). Beaucoup de statuettes chinoises représentent ce philosophe voyageant sur une telle monture.
2. Sse-ma Tsièn, *Libr. cit.*, p. 2.

dans le *Ki-tcheou*, province actuelle du *Chen-si* ; d'autres critiques y voient la barrière de *Han-kouh*, située à 12 lis au-sud-ouest du district de *Tao-lin*, département de *Chen-tcheou*, province actuelle de *Ho-nan*[1]. Je n'ai pas jugé inutile de consigner ici ces détails fastidieux, ne fût-ce que pour refroidir le zèle de ceux qui veulent tirer de graves conséquences du « voyage de Lao-tse à l'Occident ». Il leur suffira de jeter les yeux sur une carte de Chine pour savoir à quoi s'en tenir sur les probabilités de la brillante hypothèse soulevée sur les dernières années de la vie de l'illustre contemporain de Pythagore !

La légende qui attribue à Lao-tse des voyages lointains dans la direction de l'Ouest est d'invention relativement moderne et ne mérite aucune confiance : elle doit être reléguée dans ce vaste ensemble de récits fabuleux et trop souvent grotesques, où les taosséistes ont noyé le peu de faits réels que l'on possède sur celui dont ils ont voulu faire le prétendu fondateur de leur religion.

Ainsi que je l'ai dit plus haut, la notice de Sse-ma Tsien est le seul document incontestable que nous possédions sur l'histoire de Lao-tse. Néanmoins il n'est peut-être pas impossible de tirer partie de certains passages des écrits de Lieh-tse et de Tchouang-tse où il est question de ce philosophe. Si ces passages n'éclaircissent pas

---

1. *Kou-hiang-tchaï Kien-chang sin-tchin Sse-ki*, livr. LXIII, p. 2. — Le *Peï-wen-yun-fou* ne donne nullement l'identification de cette barrière avec celle de *Han-kou* comme un fait établi, ainsi que le prétend Stanislas Julien, mais seulement comme une des opinions énoncées sur ce problème de géographie historique. (livr. xv, p. 5). Suivant un commentateur, il s'agirait de la barrière dite *San-kouan*. (Voy. *Tao-teh King tsih-tchu*, Prolégomènes, p. 2).

grand chose au point de vue biographique, ils sont certainement intéressants pour l'intelligence et l'appréciation des doctrines de l'éminent émule de Confucius.

Lieh-tse cite quelques paroles que l'auteur du *Tao-teh King* aurait prononcées dans un entretien avec le philosophe *Yang-tse*[1] représentant de l'École de l'Égoïsme insouciant, fort attaquée par Mencius. Mais il s'agit évidemment d'un entretien supposé, puisque Yang-tse vivait, dit-on, au IVe ou Ve siècle avant notre ère, et par conséquent après la mort de Lao-tse [2].

Il ne faut sans doute pas attacher plus de confiance à l'entretien de ce philosophe avec *In-tse,* le fameux gardien de la barrière où s'arrêta Lao-tse, dans son voyage vers l'ouest [3]. Cet entretien est toutefois très caractéristique et mériterait d'être étudié, ne fut-ce qu'au point de vue des idées qui avaient cours chez les taoïstes immédiatement après la disparition du fondateur de leur école. J'aurai l'occasion d'y revenir.

Tchouang-tse, à son tour, fait de nombreuses mentions de Lao-tse. Dans le troisième chapitre de son livre, il est question de la mort de ce philosophe, sur laquelle Sse-ma Tsièn garde le silence, et des derniers devoirs que vint lui rendre un ami du défunt nommé *Tsin-chih*[4]; mais il n'y a rien de plus que la men-

---

1. Autrement appelé *Tse-kiu.*
2. *Tchoung-hiu tchin King*, édit. jap., livr. II. p. 24. Suivant Tchouang-tse, ce personnage aurait été disciple de Lao-tse, mais il est très probable q̃ e cette déclaration est erronée.
3. *Tchouang-hiu tchin King,* édit. jap., livr. VI, p. 11 et suiv.
4. Tchouang-tse, *Kiu-tchaï keou-i,* édit. jap., livr. II, p. 7.

tion de ce fait, et les commentaires que je possède sont muets sur les détails qui pourraient se rattacher à cette citation.

Ailleurs Tchouang-tse nous raconte une anecdote au sujet de l'entrevue historique des deux philosophes :

Un homme sans orteil alla poser un jour cette question à Lao-tse : « S'il est vrai que Confucius soit le plus éminent des humains, comment est-il venu vous voir pour solliciter avec respect vos enseignements ? Il a évidemment agi par ruse, dans le but d'obtenir de la sorte une renommée trompeuse et de mauvais aloi, ne sachant pas qu'une telle renommée pour un homme éminent est pareille à des fers et à des menottes ? »

Lao-tse, au lieu de répondre à cette question embarrassante, se borna à dire à l'homme sans orteil :

« Comment se fait-il que vous ne lui ayez pas enseigné que la mort et la vie dépendaient d'une seule et même loi, que la puissance et l'impuissance formaient une seule et même chaîne ? — La renommée est comme l'ombre et l'écho. L'ombre et l'écho sont les fers et les menottes de la forme et du son. Qui pourrait s'en rendre compte[1] ? »

Yang Tse-kiu, dit ailleurs Tchouang-tse, demanda à Lao-tse si un homme actif et énergique, rempli de pénétration et sans cesse adonné à l'étude du *Tao*, n'était pas l'idéal d'un prince éclairé.

Lao-tse lui répondit qu'un tel homme n'était point l'idéal du Sage. Cette activité, ce savoir, un prince n'a

---

1. *Tchouang-tse yih*, livr. II. p. 23. — Le Sage, qui ne se préoccupe ni de sa personne ni de la renommée, n'a de fer ni aux mains ni aux pieds.

pu les obtenir qu'en abusant de ses forces physiques et de son intelligence. Le brillant pelage des tigres et des léopards n'a d'autre résultat pour eux que d'appeler l'attention du chasseur et de l'exciter à les poursuivre ; l'habileté que montrent les singes et les chiens n'aboutit qu'à les faire enchaîner. Auriez-vous donc l'idée de comparer un prince éclairé à de tels animaux ?

Yang Tse-kiu demanda alors en quoi consistait la supériorité d'un prince éclairé.

Lao-tse répondit : Le prince éclairé a des mérites qui planent sur tout l'empire, et il ne fait point reposer son gouvernement sur sa personne. Il civilise tous les êtres et répand sur eux ses bienfaits, sans que pour cela le peuple dépende de lui. Sa valeur est accomplie, et il n'en a pas même le sentiment. Jamais il n'est question de sa renommée. Il agit de façon à ce que les êtres soient heureux par eux-mêmes. Son attitude est inscrutable ; du moment où il a fondé le corps de sa doctrine politique sur le peuple, il n'a plus qu'à se promener dans le vide [1] ».

Un autre passage du *Nan-hoa King* nous fournit quelques détails qui ne sont peut être pas sans intérêt pour compléter la biographie de Lao-tse.

Un jour Confucius fit un voyage dans l'ouest, à l'effet de déposer un livre dans les archives royales des Tcheou. Tse-lou lui rappela à cette occasion que Lao-tse avait été bibliothécaire des Tcheou, mais que depuis quelque temps il s'était démis de ses fonctions et vivait dans la retraite. Peut-être le Maître jugerait-il à propos de

---

1. *Ta-sse-koung ping-tchu Nan-hoa tchin King*, livr. III, p. 21.

profiter de son voyage pour faire une visite au vieux philosophe.

Confucius accueillit cette idée avec empressement, et se rendit à la demeure de Lao-tse ; mais celui-ci refusa de le recevoir. Le moraliste de Lou, eut alors la pensée d'écrire quelques observations[1] sur les douze *King*, en vue d'appeler l'attention du maître.

Lao-tse prit à peine le temps de parcourir ces annotations et s'écria : « Quelle grande erreur ! je voudrais vraiment bien savoir quelle est la chose la plus importante en ce monde.

— C'est l'Humanité et la Justice, répondit Confucius.

— Permettez-moi de vous demander alors, ajouta Lao-tse, si l'Humanité et la Justice sont les sentiments essentiels de la nature humaine ?

— Certainement, répartit Confucius. Si le sage n'avait point d'Humanité, il ne serait pas accompli ; s'il ne possédait pas la Justice, il serait incapable de remplir sa mission. L'Humanité et la Justice constituent la véritable nature rationnelle de l'homme.

Confucius exposa ensuite ce qu'il entendait par l'Humanité et la Justice ; mais il ne parvint pas à convaincre Lao-tse qui l'engagea à se conformer simplement aux lois immuables de la nature et à ne pas chercher ailleurs la base de son enseignement. Celui qui professe l'amour du prochain, veut évidemment que le prochain l'aime à son tour : or c'est là le comble de l'égoïsme.

— Votre manière d'agir, dit en terminant Lao-tse,

---

1. Écrire quelques développements ou amplifications (*hirogeru*), suivant l'édition japonaise de Tchouang-tse (livr. v, p. 11).

est comparable à celle d'un homme qui, pour attraper un fuyard, battrait du tambour de façon à le faire courir plus vite. En réalité, vous apportez le trouble dans la condition morale des hommes[1].

Tchouang-tse nous fournit aussi le compte-rendu d'une visite que Confucius, alors âgé de 51 ans, fit à Lao-tse qui en avait 106, dans une localité appelée *Peï*. Ce compte-rendu, beaucoup plus développé que celui dont nous trouvons la mention dans les *Mémoires historiques* de Sse-ma Tsièn, ne semble pas se rapporter à ce même événement. Une particularité cependant pourrait faire croire qu'il s'agit d'une version différente de l'entretien consigné dans l'ouvrage du grand historiographe. A la suite de l'entrevue racontée par Tchouang-tse, Confucius retourna chez lui et demeura trois jours sans parler à personne[2]. Lorsque ses disciples lui demandèrent ensuite quelles représentations[3] il avait faites au vieux philosophe, Confucius se tira d'embarras, comme dans le récit rapporté plus haut, en comparant Lao-tse à un dragon insaisissable à l'homme. « En sa présence, dit-il, ma bouche est restée béante, et je n'ai pu souffler mot. Comment aurais-je pu de la sorte faire des représentations à Lao-tse ?[4] ».

Plusieurs autres entrevues des deux philosophes sont encore rapportées par Tchouang-tse ; et, dans l'une d'elles[5], Lao-tse finit par se mettre d'accord

---

1. *Nan-hoa King*, section Tien-tao.
2. *Libr. cit*, section Tien-yun, édit. jap., livr. v, p. 30.
3. *Naniwo mote isamen ya ?*
4. *Nan-hoa King*, édit. jap., livr. v, p. 30.
5. Rapportée à la fin de la section *Tien-yun*.

avec Confucius et par approuver sa doctrine. Il est fort à craindre que le récit de cette conversation ne soit tout à fait apocryphe et imaginaire.

Il faut citer enfin, dans ce même ouvrage, une conversation de Lao-tse avec un nommé Peh-kiu qui demandait à son maître la permission de voyager dans les différentes provinces de la Chine pour y répandre sa doctrine. Inutile de dire que Lao-tse dissuada de ce projet son trop zélé disciple. Cette conversation est néanmoins intéressante au point de vue des théories politiques et sociales du vieux philosophe.

Les progrès de la sinologie nous apporteront peut-être d'autres documents dont on pourra tirer parti pour compléter tant bien que mal la biographie de Lao-tse ; mais il est peu probable que nous apprenions jamais quelque chose de précis sur le seul point que certains critiques avaient à cœur d'élucider : le dernier voyage de Lao-tse dans l'Ouest. Et cela pour une bonne raison, c'est que ce voyage tient bien plus à la légende qu'à la réalité historique. Il est probable d'ailleurs que quand bien même nous en connaîtrions de point en point l'itinéraire et le terme, nous serions encore bien loin d'y trouver les moyens de contenter ceux qui espèrent y découvrir un témoignage d'antiques relations d'idées entre le monde chinois et le monde européen.

III

LE TEXTE DU TAO-TEH KING ET SON HISTOIRE

Un sujet fort utile à traiter pour l'étude du Taoïsme serait l'histoire du texte même auquel se rattache cette doctrine. On y réunirait des indications bibliographiques aussi exactes que possible sur les anciens manuscrits qu'on a découverts, sur les éditions successives qui ont été publiées, et sur les écrits des principaux commentateurs. Nous sommes malheureusement encore bien loin de posséder les informations nécessaires pour entreprendre un pareil travail d'une façon satisfaisante, et nous ne pouvons faire mieux, ce me semble, que d'en tracer une courte ébauche où nous grouperons un petit nombre de faits acquis, de façon à servir comme d'un point de départ pour des recherches ultérieures plus complètes et plus explicites.

A l'époque de « la persécution des lettrés », sous le règne du puissant monarque Chi Hoang-ti, de la dynastie des Tsin (221 à 209 avant notre ère), plusieurs ouvrages qui faisaient partie des canons moraux et religieux de l'École de Confucius furent condamnés à la destruction, et un édit terrible prononça les peines les plus sévères contre ceux qui chercheraient à en conserver des copies. Cet évènement, rapporté dans les histoires de la Chine, a fait penser à bien des auteurs que les principaux monuments de la littérature chinoise avaient péri durant cette période néfaste. Nous savons aujourd'hui que les pertes ont été moins considérables qu'on ne l'avait cru, ou du moins que c'est à d'autres causes qu'il convient d'attribuer la disparition de beaucoup d'ouvrages célèbres de l'antiquité chinoise. Tous les livres antérieurs à l'invention de l'imprimerie ont été plus ou moins condamnés à être anéantis, et les fréquentes révolutions de la Chine suffisent pour expliquer comment un grand nombre d'entre eux ne sont pas parvenus jusqu'à nous, sans qu'il faille y voir le fait de la rigoureuse prohibition du fameux autocrate de la famille des Tsin.

En ce qui concerne le livre de Lao-tse, l'édit incendiaire rendu sur le rapport du ministre taoïste *Li-sse*, auquel les lettrés chinois ont voué une odieuse mémoire, n'a certainement pas eu pour effet de le faire disparaître [1]. L'intention de Chi Hoang-ti, en ordonnant de brûler certains livres de l'antiquité, était de faire oublier les phases glorieuses de l'histoire antérieure à l'avènement de sa maison et le prestige dont Confucius avait entouré le nom de quelques princes des âges semi-légendaires de la monarchie chinoise.

---

1. Dans le Catalogue des livres qui survécurent au règne de Chi Hoang-ti, catalogue composé par Lieou Hiang et par son fils Lieou Hin, vers la fin du Ier siècle avant notre ère et publié par l'historiographe Pan-kou dans les Annales des Han (*Tsien-Han chou*), on voit énumérés 40 ouvrages taoïstes, formant ensemble 993 livres. Ce fameux catalogue a été reproduit, à l'époque des Soung, et publié sous le titre de *Han I-wen-tchi kao-tching* (Cf. le *Catalogue raisonné de la Bibliothèque de l'empereur Kien-loung*, édition abrégée, liv. VIII, p. 18 v°).

Or la doctrine de Lao-tse, d'ailleurs fort célèbre en Chine bien des siècles avant la dynastie des Tsin, était justement, dans les mains de Chi Hoang-ti, une force inappréciable pour amoindrir la portée de l'enseignement confucéiste ; et nous savons, par les annales les plus authentiques, que le puissant despote n'hésita pas à voir, dans le Taoïsme, sinon, un auxiliaire utile pour l'accomplissement de ses desseins, du moins un instrument efficace pour déconsidérer une école hostile à ses ambitieux projets.

Non seulement les partisans de la philosophie taoïste ne partagèrent pas le sort des sectateurs de l'École de Confucius, mais on leur permit de conserver le premier des *King* de cette école, c'est-à-dire le *Yih King* ou « Livre des Transformations », parce que ce livre paraissait se rattacher à la doctrine de Lao-tse [1] par des liens sans doute équivoques, mais en tout cas fort étrangers à la politique d'annexion et d'autocratie absolue que poursuivait le grand monarque de la dynastie des Tsin.

C'est pendant les désordres qui suivirent la mort de Chi Hoang-ti, désordres qui furent loin de cesser à l'avènement des *Han*, que l'ouvrage du philosophe Lao-tse semble avoir un moment disparu. Le fait d'ailleurs n'est pas clairement établi. Sa disparition, s'il est vrai qu'elle ait été constatée, ne dura pas longtemps, puisque, dès le milieu du IIe siècle avant notre ère, nous le voyons élevé au rang de livre canonique (*king*) par un édit de l'empereur King-ti.

---

1. Voy. l'intéressante étude de M. Ernst Faber, dans la *China Review* de 1884-85, p. 242.

Durant les temps qui suivirent le règne de ce prince, il n'est pas impossible que le *Tao-têh King* ait été perdu de nouveau, car l'authenticité du texte de *Ho-chang Koung* et de son commentaire, sur lesquels nous aurons occasion de revenir, est loin d'être démontrée. Il y a même des motifs pour croire que les éditions auxquelles on a attaché le nom de l'exégète Ho-chang Koung, loin de nous fournir les interprétations de ce savant, ne nous présentent qu'une œuvre apocryphe dont la date n'est probablement pas plus ancienne que la dynastie des *Tang* [1].

De nouvelles recherches démontreront-elles que le texte de Lao-tse n'a pas cessé d'être entre les mains des taoïstes, depuis le décret de l'empereur *King-ti*, qui en faisait une sorte de livre sacré ou « traditionnel » ? Je l'ignore. Il restera sans doute pendant longtemps une certaine incertitude à cet égard, parce que les auteurs chinois manquent presque toujours de précision dans les renseignements qu'ils nous fournissent sur de tels problèmes bibliographiques, et parce qu'ils ont la malheureuse habitude de reproduire côte à côte les témoignages historiques les plus autorisés et les récits les moins sérieusement établis sans prendre soin de nous signaler la valeur profondément inégale des uns et des autres [2]. Cette observation n'a pas

---

1. Cette dynastie commença à régner à la Chine en l'an 618 de notre ère. (Voy. A. Wylie, *Notes on Chinese Literature*, p. 173*)*.
2. J'ai eu l'occasion de reconnaître l'absence infiniment regrettable de tout sentiment de critique historique chez une foule de savants chinois, d'ailleurs fort renommés, en étudiant ce qu'ils ont écrit sur l'histoire du *Chan-haï King*, antique géographie chinoise dont je publie une traduction complète dans les *Mémoires du Comité Sinico-Japonais*.

pour but d'ébranler la confiance des sinologues dans l'incontestable authenticité du *Tao-teh King*, mais seulement d'inviter les critiques à tenir compte des altérations qui ont d'ailleurs été constatées d'une façon précise dans certains passages du « Livre de la Voie et de la Vertu ».

Les mots *Tao-teh King*, qui forment le titre sous lequel on désigne le seul livre original que nous possédions de Lao-tse, ont préoccupé les philologues et les exégètes de la Chine. Doit-on supposer que ces mots ont été choisis par l'auteur lui-même pour désigner son ouvrage, et qu'ils datent de la sorte de l'époque où il a été composé ? Cette hypothèse est inadmissible, d'abord parce que l'idée d'affecter un titre à une composition littéraire ne paraît pas remonter à des temps aussi anciens ; ensuite parce que les mots *Tao-teh King* ont toutes les apparences d'un titre inventé après coup, soit par des disciples, soit par des admirateurs du célèbre contemporain de Confucius [1]. Le document le plus autorisé, parmi ceux qui nous font connaître dans les temps anciens la personne et l'œuvre de Lao-tse, la notice contenue dans les *Sse-ki* du grand historiographe Sse-ma Tsièn (iie siècle avant notre ère), se borne à nous dire que Lao-tse rédigea un ouvrage dans lequel il donne l'explication du

---

1. L'expression *tao-teh* est toutefois fort ancienne, car on la rencontre dans le *Yih King* qui est non-seulement un des plus vieux monuments de la littérature chinoise, mais encore, — ce qui n'est pas sans intérêt pour le sujet qui nous occupe, — un livre fondé sur des idées qui sont peut-être plus intimement liées aux origines du taoïsme qu'à celles du confucéisme, bien que le célèbre moraliste de Lou ait placé le *Yih King* en tête de la série des livres canoniques de l'antiquité chinoise. (Cf. le *Peï-wen-yun-fou*, au mot *teh*).

Tao, mot qu'on a traduit par « Voie », et de la *Teh*, mot qu'on a rendu par « Vertu »[1] ; mais il ne nous dit pas qu'à son époque on désignait cet ouvrage sous le nom de *king* « livre canonique », précédé des mots *tao-teh*. Ces mots, d'après un critique assez généralement estimé, d'après *Sieh-hoëi*, auraient été employés parce que le livre de Lao-tse, divisé en deux parties, débute dans la première par le signe *tao* et dans la seconde par le signe *teh*[2]. Ce procédé de dénomination des livres anciens ne se rencontre pas seulement dans l'antiquité chinoise ; et chacun sait que les différentes parties de la *Bible*, par exemple, sont désignées en hébreu par le premier mot qui a été employé pour leur composition[3]. En outre, le nom de *king*, que les sinologues rendent d'habitude par « livre canonique », ou par « livre sacré », signifie « quelque chose qui a passé d'âge en âge », ou « qui vient des temps anciens » ; et ce nom a été plutôt décerné par la postérité à certains ouvrages d'une importance exceptionnelle pour la philosophie morale ou religieuse que choisi par les auteurs eux-mêmes pour servir à l'appellation de ce qu'ils avaient rédigé. C'est ainsi que les écrits de *Lieh-tse* et de *Tchouang-tse*, les deux plus anciens représentants du Taoïsme après Lao-tse, ont reçu leur intitulé à une époque comparativement moderne, à la suite et en conséquence d'un décret impérial. Enfin, les *Annales des Han* citent trois copies,

---

1. *Sse-ki*, livr. LXIII.
2. Julien, *le Livre de la Voie et de la Vertu*, p. XXXIII.
3. Au lieu d'être intitulée : « Genèse », le premier livre hébreu du Pentateuque s'appelle *bé-rechit*, c'est-à-dire « au commencement » ; et ainsi des autres.

avec des commentaires composés sous cette dynastie, et en tête desquels figurait seulement le nom de *Lao-tse*. Il y a là peut-être un nouveau motif pour croire que le titre de *Tao-teh King* n'a pas été primitivement en usage chez les Chinois.

Les écrivains indigènes les plus estimés sont d'ailleurs d'accord pour nous apprendre que le livre de Lao-tse ne reçut le titre de *king* que sous le règne de l'empereur *King-ti*, de la dynastie des *Han*, de 156 à 154 avant notre ère [1].

Tel que nous le possédons aujourd'hui, le *Tao-teh King* est d'ordinaire divisé en deux parties et en 81 chapitres. La division en deux parties est fort ancienne, et le grand historiographe Sse-ma Tsièn y fait évidemment allusion dans le passage de ses *Mémoires* que j'ai cité plus haut. Il y a même lieu d'admettre qu'elle remonte au siècle même de la composition de l'ouvrage [2].

Quant à la subdivision en 81 chapitres, bien qu'elle soit également très ancienne, elle ne paraît pas remonter à une date aussi reculée. Cette subdivision est attribuée à l'*Ho-chang Koung*, qui vivait au IIe siècle avant notre ère [3], par conséquent à une époque antérieure à Sse-ma Tsièn. L'histoire de ce personnage est malheureusement noyée dans la légende, et son nom lui-même est inconnu [4], car la

---

1. *Lao-tse yih*, t. III, p. 10.
2. *Lao-tse yih*, Appendice, livr. III, p. I v°.
3. La première partie comprend 37 chapitres, et la seconde 44 chapitres. — C'est également ce Ho-chang Koung, suivant M. Legge, qui aurait composé les rubriques qui ont été placées en tête de chaque chapitre pour en indiquer le contenu ou le caractère. (Dans la *British Qualerly Review* de juillet 1883, p. 10 du tirage à part).
4. Le nom de *Lo-tchin Koung*, que lui attribue Julien, paraît apocryphe. (*Tsin Wang-pi tchu Lao tse*, app. *King-tièn-cheh-wen*, p. I. Voy. cependant Sse-ma Tsièu, *Sse-ki*, livr. LXXX, p. 7).

dénomination de *Ho-chang Koung* indique qu'il habitait sur les bords du fleuve Jaune et rien de plus. Le récit de l'intervention de l'empereur King-ti, pour obtenir de lui l'intelligence parfaite du *Tao-teh King*, a tous les caractères d'une légende [1]. Quelques auteurs chinois ont émis des doutes sur la réalité de ce personnage, et d'autres soutiennent que l'œuvre qu'on lui attribue est une fabrication à peine antérieure à la dynastie des *Tang* [2]. On n'en a pas moins réimprimé souvent le texte et le commentaire de ce personnage, et les lettrés les plus sérieux continuent à citer ses explications comme s'il n'existait aucun doute sur leur authenticité.

La subdivision du *Tao-teh King* en 81 chapitres, il faut le dire, n'a pas été adoptée d'un commun accord par tous les éditeurs du texte de Lao-tse. L'un d'entre eux, *Yen-tsun*, a subdivisé l'ouvrage en 72 chapitres, dont 40 pour la première partie et 32 pour la seconde [3], mais on a critiqué la raison d'être de cette subdivision [4]. Un autre savant, *Ou Yeou-tsing*, a réduit encore davantage le nombre des chapitres et n'en a admis que 68.

Une question bien autrement importante que celle de la subdivision du livre de Lao-tse en un certain nombre de chapitres, doit préoccuper les critiques qui cherchent à se former une idée aussi exacte que possible de la

---

1. Voy. notamment le *Youen-kièn-loui-han*, t. CCCXVIII, pp. 7-8.
2. Cette dynastie a commencé à occuper le trône de la Chine dans les premières années du VIIe siècle de notre ère. (Cf. le Catalogue de la Bibliothèque impériale de Kièn-loung, édit. abrégée, t. XIV, p. 58, et Wylie, *Notes on Chinese Literature*, p. 173). — Les éditions où figure le commentaire attribué à *Ho-chang Koung* portent le titre de *Lao-tse tchou*.
3. *Lao-tse yih*, t. III, p. 10.
4. *Lao-tse Kiuen-tchaï keou-i*, t. I, p. I v°.

grande doctrine du *Tao*. Je veux parler du nombre de caractères que renfermait le texte primitif de l'ouvrage ; car c'est à ce calcul puéril que se rattache intimement le problème des altérations qu'a pu subir le *Tao-teh King*.

L'histoire rapporte que, dans plusieurs manuscrits découverts au v° et au vi° siècle de notre ère, c'est-à-dire plus de mille ans après la mort de Lao-tse, on comptait, dans l'œuvre de ce grand philosophe, le nombre de 5722 mots. Un texte considéré comme officiel, celui de *Loh-yang*, en renfermait 5630. D'autres textes anciens en contenaient 5683 et 5610. Cette différence suffirait déjà pour nous montrer que l'ouvrage original ne nous est pas parvenu dans des conditions telles que nous puissions avoir pleine confiance sur l'exactitude de certaines phrases obscures et même contradictoires dont les exégètes indigènes se sont préoccupés à juste titre. Notre défiance ne peut que s'accroître, lorsque nous savons que c'est de propos délibéré et par un zèle malentendu qu'on a opéré des suppressions de mots dans les plus vieux manuscrits qui sont tombés entre les mains des éditeurs chinois. Le fait auquel je fais allusion avait été déjà signalé par Julien ; mais sa gravité m'a paru telle que je n'ai pas cru inutile de recourir aux sources originales pour en vérifier l'exactitude.

Or voici ce que nous disent à cet égard les auteurs indigènes : La suppression d'un certain nombre de mots dans le *Tao-teh King* vient d'une interprétation malheureuse du passage où le grand historiographe Sse-ma Tsièn indique le nombre des signes qui composaient le livre original. Des éditeurs peu éclairés se permirent d'effacer du texte autant de caractères qu'il en fallait pour le mettre d'accord avec la donnée du célèbre auteur des *Sse-ki*. On lit, en effet, dans ses Mémoires [1], que « Lao-tse écrivit un ouvrage en deux sections sur le Tao et la Vertu, et que cet ouvrage renfermait [plus de] 5000 mots. »

On pourrait faire remarquer tout d'abord que le mot *yen* « mot » n'est pas absolument synonyme de *tse* « caractère » ; mais cette remarque serait discutable et ne ferait guère avancer la question. En revanche, le mot *yu*, joint au chiffre *ou tsièn* « cinq mille », indique qu'il s'agit d'un nombre supérieur à ce chiffre, mais non pas un nombre précisément déterminé [2]. Que penser alors d'éditeurs chinois qui n'ont pas compris le sens de cette phrase aussi claire et aussi simple que possible, et qui ont tiré de leur méprise la conséquence qu'il fallait effacer une certaine quantité de signes du texte, afin de ramener le total au chiffre de 5000 ? Il y a évidemment là un de ces racontars fréquents dans la littérature chinoise, sur lesquels il est inutile de s'appesantir. Le texte de Lao-tse a certainement subi des altérations, mais il semble bien peu raisonnable de les attribuer à ce récit de mauvais aloi [3].

On a donné une autre explication pour justifier l'hypothèse d'une suppression arbitraire de signes dans le texte original de Lao-tse : ce motif, emprunté

---

1. Sse-ma Tsièn, *Sse-ki*, livr. LXIII.
2. Cf. *Lao-tse yih*, t. III, p. 11.
3. Les exégètes chinois se sont cependant beaucoup préoccupés des altérations qui ont pu se produire dans les conditions dont je viens de parler, et ils n'hésitent pas à considérer la phrase de Sse-ma Tsièn comme la cause d'un véritable malheur pour le livre de Lao-tse. (Voy. *Lao-tse yih*, t. III, pp. 1, 49 et pass.). *Youen-kièn-louï-han*, t. CCCXVIII, p. 13 ; *Lao-tse kiuen-tchaï-keou-i*, p. 1).

à la philologie, est plus sérieux que l'argumentation de l'exégète *Pi-ching*, dont j'ai parlé tout à l'heure, mais il est loin d'être péremptoire. Les Chinois font un usage fréquent de particules explétives ou finales qui contribuent à rendre le texte à la fois plus clair et plus expressif. Les particules de ce genre, qu'on rencontre à chaque pas dans les écrits de Confucius et même dans les *King*, sont au contraire assez rares dans le livre de Lao-tse. On en a conclu que ces particules avaient été supprimées afin d'obtenir un texte composé du nombre traditionnel de caractères qui lui était attribué [1]. Les suppressions de ces sortes d'explétives ne sont cependant pas telles, qu'on puisse dire que les phrases sont incomplètes, irrégulières, estropiées. Leur emploi modéré caractérise un style particulier, le style d'un philosophe qui tenait à exprimer sa pensée simplement, laconiquement, brutalement même, si l'on veut, et voilà tout. Ce n'est pas encore sur cette particularité qu'il est possible de se fonder pour établir que le Livre de la Voie et de la Vertu n'a pas été transmis à la postérité dans sa forme originale et primitive.

Les obscurités si souvent inextricables, dans le *Tao-teh King*, proviennent bien plutôt de ce fait que la théorie du grand philosophe de Kioh-jin s'était élevée à un niveau que n'avait pas atteint avant lui l'esprit chinois ; en d'autres termes, que le peuple aux Cheveux-Noirs n'était pas bien préparé pour le comprendre ; que le dédain du Maître pour la popularité ne lui assura pas

---

[1]. *Lao-tse yih*, p. 49.

l'avantage de posséder toute une cour de disciples comme celle qui entoura Confucius pendant sa vie et lui donna l'apothéose après la mort ; que le Bouddhisme enfin avait déjà pénétré la civilisation chinoise de part en part, à l'époque où le plus grand monument du Taoïsme trouva ses premiers éditeurs et ses premiers interprètes.

Je ne veux pas dire par là que la doctrine de Lao-tse n'avait pas eu de précédents en Chine, qu'elle n'était pas la conséquence d'un courant d'idées antérieures à sa manifestation. Assurément non. J'exposerai ailleurs les motifs qui me font admettre, au contraire, que la philosophie taoïste se rattachait par plus d'un lien aux croyances les plus anciennes du peuple chinois. Mais rien ne nous autorise à dire qu'avant l'apparition du grand Philosophe, la Chine avait su formuler des idées aussi profondes et parfois d'une portée aussi extraordinaire.

Nous ne possédons jusqu'à présent que des indices incomplets et à bien des égards insuffisants sur l'histoire des anciens manuscrits qui ont servi à transmettre d'âge en âge le texte du *Tao-teh King*, jusqu'au moment où il a été livré pour la première fois à l'impression.

Un manuscrit dit *'An-kieou wang pen* fut trouvé par un taosse du nom de *Keou-kièn*, pendant la période *Taï-ho* qui dura de 477 à 499 de notre ère.

Un autre manuscrit célèbre, auquel on a donné le titre de *Hiang-yu tsieh pen* « Manuscrit de la femme-secondaire de Hiang-yu » fut découvert un peu plus tard par un homme de *Peng*, en ouvrant le tombeau d'une des épouses d'un certain *Hiang-yu*[1], la 5ᵉ année de l'ère *Wou-ping*, c'est-à-dire en 574 de J.-C., sous la dynastie des Tsi-Septentrionaux.

On cite aussi un manuscrit qui aurait été beaucoup plus ancien que les deux précédents et dont il est souvent question dans les travaux de critique sur le livre de Lao-tse ; mais il demeure les plus grands doutes à son sujet. On l'attribue à ce même *Ho-chang Koung* dont j'ai parlé comme d'un personnage sur lequel il plane bien des incertitudes. D'après les bibliographes indigènes, ce manuscrit fut transmis à la postérité par un lettré en retraite [2] du pays de *Tsi*, lequel portait le nom de *Kieou-yoh*. On raconte qu'il renfermait 5355 caractères, ou suivant une autre assertion, 5590 caractères [3].

Ces manuscrits sont, au dire des auteurs chinois, les plus anciens dont on ait connaissance ; et un écrivain indigène prétend qu'ils contenaient tous les trois également 5722 caractères. On ajoute qu'ils sont conformes aux citations de Lao-tse que l'on rencontre dans la section de l'ouvrage du philosophe *Han-feï tse* intitulée *Yu-lao* [4].

J'ai trouvé, en outre, la mention succinte de plusieurs autres vieux manuscrits du *Tao-teh King*. Outre le texte officiel (*kouan-pen*), conservé à *Loh-yang* et dont j'ai déjà parlé, on cite celui de *Wang-pi*,

---

1. L'histoire de ce personnage se trouve dans les *Annales impériales des Han*, section *Hiang-tsih tchouen*. Il était originaire de Hia-siang. Après avoir occupé de hautes charges dans son pays et s'être même arrogé le titre de roi, il se donna la mort en l'an 204 av. notre ère. (Sse-ma Tsièn, *Ssè-ki*, livr. vii).
2. *Tchou-sse* signifie « un lettré qui a résigné ses fonctions publiques », et non « un sage », comme le dit Julien.
3. *Lao-tse yih*, t. III, p. 10.
4. L'ouvrage de Han-feï tse renferme deux sections : l'une est intitulée *Kiaï-lao*, et l'autre *Yu-lao*. — Ce philosophe taoïste se suicida en l'an 230 av. n. ère.

auteur du plus ancien commentaire authentique que nous possédions aujourd'hui, et qui vivait au IIIe siècle de notre ère : il se composait de 5683 caractères, ou, suivant plusieurs bibliographes, de 5610 caractères [1].

On voit, par ce qui précède, que les anciens manuscrits de Lao-tse n'étaient pas absolument conformes, puisque le nombre de leurs signes était différent. Il y a lieu de se préoccuper de quelques-unes des variantes qui nous ont été signalées par les exégètes chinois, bien que ces variantes soient d'ordinaire d'une assez minime importance et ne contribuent que fort rarement à altérer le sens de l'ouvrage. Dans plusieurs cas, néanmoins, elles méritent d'être examinées avec soin. On ne saurait, en effet, se rendre indifférent à tout ce qui peut nous fournir un élément de critique, lorsqu'il s'agit d'un texte aussi obscur que le *Tao-teh King*. L'addition ou la suppression d'un caractère, dans un écrit de ce genre, peut quelquefois modifier d'une manière sensible l'esprit de la doctrine qui s'y trouve exposée. Parfois aussi, de semblables variantes permettent de justifier des doutes sur l'authenticité de certains passages qui, tout au moins dans les éditions parvenues en Europe, sont, ou absolument inintelligibles ou dépourvus d'un sens raisonnable.

Je n'ai trouvé que de bien rares renseignements au sujet des plus anciennes éditions imprimées du *Tao-teh King*. En attendant des données plus complètes, il semble que le livre de Lao-tse fut livré pour la

---

1. *Lao-tse yih*, t. III, p. 10.

première fois aux presses en l'année 1588 par un nommé *Tsiao-hioung*, qui avait le surnom de *Pi-ching* [1]. Ce personnage s'était fait une grande réputation par sa profonde connaissance du Taoïsme et par ses doctrines sur la métempsycose.

La date de 1588, attribuée à l'édition princeps du *Tao-teh King*, est de beaucoup postérieure à celle de la première édition des *King* de Confucius, laquelle fut tirée sur des planches de bois gravées en l'an 953 de notre ère [2]. On connaissait depuis longtemps en Chine (depuis l'an 105 de notre ère, d'après les auteurs les plus autorisés) l'usage du papier qui, d'après Firmin Didot, n'a guère été employé en Europe, pour le tirage des xylographies, à une époque antérieure au xiv° siècle [3].

L'œuvre de Tsiao-hioung, intitulée *Lao-tse yih*, renferme de nombreux extraits des principaux commentateurs, des notices sur leurs ouvrages et une liste des variantes constatées sur les diverses copies du *Tao-teh*

---

1. Pi-ching naquit en l'an 1541 de notre ère et mourut en 1620. Il occupa, durant sa vie, plusieurs postes politiques d'une grande importance et fut, notamment envoyé en mission du gouvernement chinois dans la Corée.

2. Les neuf *King*, furent imprimés en Chine sur planches de cuivre (*toung-pan*) entre les années 936 et 943 de notre ère.

3. « Lao-tse, m'écrit un savant philologue chinois, est un ancien livre de la Cour des Tcheou. Depuis le seigneur du Ho-chang, il a été cinq fois transmis de main en main jusqu'au moment où il est parvenu dans celles de Kaï-koung, de la dynastie des Han. Ce Kaï-koung l'a enseigné à Tsao-han. A cette époque seulement, il existait le commentaire de Son Excellence du Ho-chang, et en vérité il n'avait pas été livré à l'impression. Au temps des Weï et des Tsin, Wang-pih le commenta de nouveau, et cette fois encore il n'y avait pas d'édition imprimée. Arrivé à l'époque des Soung, l'art de l'imprimerie fut mis en pratique. Les commentaires du seigneur du Ho-chang et celui de Wang-pih furent l'un et l'autre imprimés. Depuis lors l'ouvrage a été livré cent dix fois aux presses ». (Extrait traduit d'une *Lettre à M. Léon de Rosny*, par l'amiral Tcheou Meou-ki).

King ¹. J'ai dit plus haut, d'une manière générale, ce que je pensais de ces variantes : je me propose d'y revenir.

Une autre question, qui n'est pas sans importance pour l'étude du texte de Lao-tse, est celle de savoir dans quelle mesure on peut admettre l'idée qu'on y a fait usage d'une sorte de prose scandée, et même de rimes. L'emploi d'un style de ce genre est assez fréquent dans les ouvrages de l'antiquité, en Chine et ailleurs. On a constaté, par exemple, que la célèbre inscription érigée par Yu-le-Grand sur le mont Heng-chan, en commémoration de l'écoulement des eaux diluviennes, avait été composée « en vers », avec une rime tonique alternative de même consonnance, et par distiques de quatre caractères, sauf un seul cas où l'on en compte cinq (le 6ᵉ) ².

« Des portions considérables du *Tao-teh King*, dit M. James Legge, çà et là sont rimées. L'explication la plus simple de ce fait, apprécié diversement par plusieurs savants, est que l'auteur a mis beaucoup de ses pensées en vers, parce que c'était un moyen avantageux de les graver dans la mémoire ³. »

Je crois qu'on a été un peu loin en disant que l'ouvrage de Lao-tse fut écrit partiellement en vers. C'était le style à peu près général de son époque de parler par aphorismes comprenant chacun un nombre

---

1. Julien considère le *Lao-tse yih* comme l'édition la plus étendue et la plus importante du *Tao-teh King*, parmi toutes celles qui sont parvenues en Europe (*Le Livre de la Voie et de la Vertu*, p. xli).
2. G. Pauthier, dans le *Journal asiatique* de 1868, t. XI, p. 344.
3. Dans la *British Quaterly Review* de juillet 1883 (p. 10 du tirage à part).

égal de mots ou de signes ; et les consonnances, qui nous déplaisent tant aujourd'hui dans la prose, étaient au contraire fort appréciées des Orientaux. Lao-tse ne semble pas avoir fait autre chose que de suivre la mode de son siècle, et il me paraît exorbitant de lui attribuer la pensée d'avoir voulu donner à son œuvre le caractère d'un poème. Ce n'est pas une raison cependant pour ne pas prêter attention aux rimes éventuelles du *Tao-teh King* ; et, dans certains endroits, leur étude peut apporter quelques utiles éclaircissements pour l'interprétation des phrases douteuses ou inintelligibles. Je crois néanmoins qu'il n'y a pas lieu de s'y arrêter bien longtemps.

On rencontre aussi dans le texte qui nous occupe des passages qui, suivant le goût oriental, renferment de véritables jeux de mots. C'est là encore un terrain qu'il n'est pas absolument sans intérêt d'explorer avec les ressources de la critique moderne, mais sur lequel on peut aussi se lancer dans de bien gratuites élucubrations.

Je terminerai en posant une dernière question qui me semble capitale, lorsqu'il s'agit d'arriver à une appréciation philosophique du livre de Lao-tse. Cette question, la voici :

Le *Tao-teh King* peut-il être interprété de plusieurs façons assez différentes les unes des autres pour nous fournir plusieurs corps de doctrines distinctes et parfois même de doctrines discordantes et contradictoires ? Y a-t-il enfin, pour un sinologue autorisé, un moyen de nous faire saisir le caractère essentiel du principal monument du Taoïsme, sans y greffer tant bien que mal un système préconçu, plus ou moins subtil et imaginaire, et sans imposer de la sorte au vieil auteur chinois la fâcheuse pression de nos idées européennes ?

Je ne saurais répondre d'une manière formelle à une telle question ; mais je ne pense pas hors de propos de formuler quelques idées qui sont peut-être de nature à l'éclaircir.

Les langues, — surtout lorsqu'on les emploie pour la discussion des matières philosophiques, — sont en général d'une déplorable insuffisance : elles prêtent sans cesse aux malentendus. Ce reproche peut être adressé sans hésitation à nos langues les plus cultivées et en apparence les plus parfaites. La valeur des mots, — des mots techniques comme des autres, — dépend de l'étymologie. L'étymologie est fondée sur le sens attribué aux racines. Les racines ont des sens multiples, d'une précision douteuse, et chacun de leurs sens varie avec le temps, la mode et les milieux. Il en résulte que les éléments même du langage, sont sans cesse variables, incertains. En outre, les mots ne répondent que rarement d'une manière précise et satisfaisante à l'idée que chaque philosophe y applique personnellement pour l'exposition de ses pensées. Bien plus : un même auteur n'emploie pas toujours un même mot dans la même acception. Il en résulte que tel raisonnement, juste dans l'esprit de celui qui le formule, semble faux à celui qui l'entend énoncer ou qui en fait la lecture. Et autant un auteur possède l'esprit synthétique, autant son langage lui est essentiellement personnel ; ce qui revient à dire que son langage n'est guère intelligible que pour lui seul.

Si ces défauts existent dans les langues de l'Europe, ils existent bien davantage encore dans les idiomes moins étudiés, moins travaillés, des peuples étrangers à notre race, et chez lesquels le vocabulaire et la grammaire se sont le plus souvent compliqués d'une façon exorbitante, sans qu'il en soit résulté un progrès réel au point de vue de la clarté et de la précision. Certains idiomes enfin, sous leur forme antique surtout, laissent perpétuellement subsister dans les expressions une somme de vague ou d'obscurité que l'esprit philologique le plus délicat ne parvient presque jamais à dissiper d'une façon définitive et péremptoire.

La langue chinoise ancienne est de ce nombre. Les savants qui l'ont étudiée consciencieusement peuvent souvent établir que tel sens attribué par un sinologue inexpérimenté à une phrase est un sens inadmissible. Dans bien des cas aussi, ils sont obligés de reconnaître qu'une phrase est susceptible de plusieurs interprétations différentes.

Lorsqu'il s'agit d'un livre du genre du *Tao-teh King*, le sens des mots sur lesquels repose la doctrine du Maître ne peut être compris presque toujours que par la comparaison minutieuse des divers passages où ils sont employés; et, presque toujours aussi, le sens des passages où de tels mots sont employés ne peut être entendu qu'à la condition de connaître préalablement la signification des termes dont l'auteur fait usage. Il en résulte un cercle vicieux, en apparence du moins. Ce cercle vicieux, il est excessivement difficile d'en sortir[1] ; je ne crois pas cependant qu'il soit impossible d'en sortir. Examinons.

Julien a donné une traduction française du livre de Lao-tse qui est une œuvre très remarquable au point de vue philologique. Il a rendu les phrases avec une connaissance solide des lois de la syntaxe chinoise ; il a expliqué enfin les idées fondamentales contenues dans le *Tao-teh King* d'après l'opinion de quelques savants exégètes du pays. Il n'en est pas moins vrai que la traduction du célèbre sinologue français ne présente souvent, au point de vue où se place le philosophe, qu'un tissu de non-sens et d'absurdités[2]. Les personnes étrangères à la connaissance de la langue chinoise ne sont pas à même de s'assurer si l'interprétation de Julien est la seule qui puisse ressortir de l'étude du texte original. Faute de pouvoir recourir à la source, elles acceptent cette interprétation sans réserve ; et alors elles se martellent le cerveau pour donner une explication tant soit peu raisonnable à des phrases qui ne signifient rien ou qui ne fournissent que des insanités. Dès lors, le livre de Lao-tse ne nous offre plus guère qu'un mélange bizarre d'idées décousues et parfois même d'idées contradictoires. Il faut faire appel à toutes les ressources de l'imagination pour en tirer une doctrine plus ou moins concordante, plus ou moins compréhensible.

1. Le texte de Lao-tse, a dit Abel Rémusat, est si plein d'obscurité, nous avons si peu de moyens pour en acquérir l'intelligence parfaite, si peu la connaissance des circonstances auxquelles l'auteur a voulu faire allusion ; nous sommes, en un mot, si loin à tous égards des idées sous l'influence desquelles il écrivait, qu'il y aurait témérité à prétendre retrouver exactement le sens qu'il avait en vue, quand ce sens nous échappe. (*Mémoire sur Lao-tseu*, p. 35).
2. Voy. à ce sujet les observations de M. Reinhold von Plaenckner : *Der Weg zur Tugend*, 1870, préface, p. xii.

Convaincues que telle avait été la manière de procéder des lecteurs de la traduction de Julien, quelques personnes adonnées à l'étude du chinois, et avec un savoir linguistique parfois insuffisant, ont résolu de reprendre en sous-œuvre la version du célèbre sinologue français [1]. En ce qui concerne ce qu'on peut appeler le travail de l'orientaliste proprement dit, la tâche était énormément simplifiée par la savante ébauche de Julien ; comme œuvre de philosophie, les tentatives nouvelles n'étaient peut-être pas entreprises dans des conditions absolument satisfaisantes.

Les personnes en question ont commencé, comme il convenait d'ailleurs, par lire la traduction de Julien ; puis elles ont tiré de leur lecture quelques idées générales sur le caractère de la doctrine de Lao-tse. Partant de ces idées d'une solidité discutable, elles ont imaginé un système de philosophie à leur goût et se sont évertuées à en découvrir l'expression dans le texte du *Tao-teh King*. Inutile de dire que leurs efforts ont eu pour conséquence de torturer ce texte et d'y apercevoir une foule de pensées étrangères à la tendance réelle et au génie de son auteur. Une étude persévérante du livre de Lao-tse et de l'œuvre de ses traducteurs, étude que j'ai poursuivie pendant plusieurs années consécutives, — m'a conduit à cette fâcheuse conclu-

---

[1]. Nous possédons plusieurs traductions européennes du *Tao-teh King*. La première (1838), dont il n'a paru qu'une livraison, est due à G. Pauthier ; la seconde, et la première complète, est celle de Julien (Paris, 1842). Le savant sinologue anglais, M. John Chalmers, a donné en 1868, une version anglaise du livre de Lao-tse. Dans un petit volume de xx-62 pp. Enfin il a paru plus tard (en 1870) deux traductions allemandes qui ont été faites à l'aide de celle de Julien ; l'une par M. Reinhold von Plaenckner, l'autre par Victor von Strauss.

sion. Pouvons-nous espérer parvenir un jour à mieux comprendre le livre fondamental du Taoïsme que n'ont pu le faire nos devanciers? J'en suis absolument persuadé ; mais les résultats ne seront atteints que par le concours de nombreux travailleurs, et alors que des philosophes autorisés joindront à leur savoir dans l'art de réfléchir une connaissance approfondie de la vieille langue chinoise. Pour aboutir à ce but, il ne faudra pas seulement chercher à mieux rendre qu'on ne l'a fait jusqu'ici les mots à sens multiples et les phrases ambiguës du *Tao-teh King* : il faudra de plus se livrer à un examen critique du milieu où vécut le célèbre contemporain de Confucius, lire et traduire les ouvrages de ses successeurs immédiats, ceux surtout de *Lieh-tse* et de *Tchouang-tse*[1], discuter phrase par phrase le texte de Lao-tse et les interprétations d'une valeur inégale qu'en ont donné ses principaux commentateurs. C'est seulement lorsque cet ensemble de recherches aura été accompli, qu'il deviendra possible de reconstituer la doctrine du grand philosophe chinois, de façon à laisser à son œuvre le caractère d'unité, d'homogénéité qui manque dans les travaux d'érudition publiés aujourd'hui sur son compte.

Après tant d'efforts, il faut le reconnaître, ce sera encore une idée préconçue, — au moins dans

---

1. J'ai donné, le premier, un spécimen de l'ouvrage de Tchouang-tse en insérant la traduction du fameux chapitre *Siao-yao-yeou* dans mes *Textes chinois anciens* (Paris, 1874, p. 71 et suiv.). Depuis lors, M. Balfour a fait paraître une version anglaise complète du *Nan-hoa King*. — Quant à l'ouvrage de Lieh-tse, il n'a encore été traduit dans aucune langue européenne. Je me propose d'en publier une version française avec un grand commentaire emprunté aux sources originales. J'en ai déjà expliqué plusieurs fragments à mes élèves de l'Ecole pratique des Hautes-Etudes.

une certaine mesure, — qui présidera à toute nouvelle traduction du livre de Lao-tse ; mais les inconvénients de cette idée préconçue seront atténués par la mise en œuvre d'une foule d'éléments d'interprétation et d'exégèse qui nous font défaut dans l'état actuel de la science sinologique.

Malgré l'accomplissement d'un tel labeur, il n'est pas impossible qu'il se produise encore des opinions divergentes sur les théories de Lao-tse ; mais elles ne porteront désormais que sur des points de détail. Le fond de la grande philosophie taoïste ne restera plus douteux pour la critique, et l'histoire des idées, dans la haute antiquité chinoise, nous apparaîtra sous une somme de lumière suffisante pour nous permettre d'apprécier sainement une des manifestations les plus remarquables du génie de l'Extrême-Orient.

IV

LES COMMENTATEURS DE LAO-TSE.

Le *Tao-teh King*, seul ouvrage authentique du philosophe Lao-tse, est en général un livre obscur, d'un style concis à l'excès et qui nous est parvenu d'une façon inexacte dans certains endroits [1]. Bien des passages eussent été intraduisibles, non seulement pour les sinologues mais pour les savants chinois eux-mêmes, si une tradition plus ou moins sûre, plus ou moins véridique, ne nous en avait transmis le sens réel ou supposé ! Cette tradition, maintes fois altérée, tantôt à dessein, tantôt par ignorance, nous a été conservée par des commentateurs dont le plus ancien est de neuf siècles postérieur à la date de l'ouvrage qu'il avait la prétention de nous faire comprendre.

Il existe en Chine un grand nombre de commentaires différents du texte de Lao-tse. Trente ont été mentionnés par Julien qui n'a pas cru devoir en citer trente-quatre autres dont il possédait la liste, parce qu'ils expliquent « constamment Lao-tse suivant les idées particulières à l'École de Confucius, au risque de dénaturer la pensée

---

[1]. On a vu plus haut (chap. III) que des suppressions de signes avaient été opérées dans le livre de Lao-tse, afin de ne pas dépasser le nombre de caractères qu'il était censé contenir, d'après un passage mal compris des *Mémoires historiques* du grand historiographe de Sse-ma Tsièn.

de l'auteur et dans l'intention formelle d'étouffer son système philosophique[1]. »

Jusqu'à présent tous ces commentaires sont à peu près inconnus en Europe ; et bien que Julien ait fait usage de huit d'entre eux pour rédiger les notes de sa traduction publiée en 1842, on peut dire sans trop s'avancer qu'il n'en est pas un seul qui ait été jusqu'à présent l'objet d'une véritable étude exégétique. Une telle étude serait fort désirable pour nous apprendre comment a été entendu le système de Lao-tse dans le pays où il est né, et dans quelle mesure la critique européenne, avec ses procédés délicats, dont l'Orient n'a jamais eu qu'une intelligence rudimentaire, peut arriver à une interprétation supérieure de la philosophie taoïste, cette interprétation fût-elle en désaccord avec la manière de voir des exégètes indigènes.

L'examen consciencieux des principaux commentaires du *Tao-teh King* est une entreprise de longue haleine qu'un seul orientaliste aurait grand peine à mener à bonne fin ; cependant il est hors de doute que tant qu'un examen de ce genre n'aura pas été accompli, il ne sera guère possible de mettre en lumière plusieurs points obscurs de l'antique philosophie taoïste qui semblent, autant qu'on en peut juger jusqu'à présent, d'une importance réelle pour l'intelligence de tout le système. La question des commentateurs de Lao-tse ne peut donc être traitée qu'à titre provisoire et sous bénéfice d'inventaire. Il y a néanmoins un

---

[1]. *Le Livre de la Voie et de la Vertu*, Préliminaires, p. xxxviii. — On trouve la liste des 64 commentaires en question dans le *Lao-tse i*, p. 13. J'ai étudié plusieurs d'entre eux qui ne me paraissent pas mériter le reproche peut-être un peu sévère de l'éminent sinologue.

fait capital que nous pouvons envisager dès aujourd'hui dans ses conséquences au point de vue du sujet qui nous occupe : nous ne connaissons pas de commentaire absolument authentique qui soit plus ancien que celui de Wang-pi, auteur du IIIe siècle après notre ère [1]. En admettant même que le grand philosophe de la dynastie des Tcheou ait vécu plus de cent ans, comme le rapporte la légende, il ne se serait pas écoulé beaucoup moins de mille ans entre sa mort et le premier travail d'interprétation rédigé sur son ouvrage. Un pareil intervalle ouvre à coup sûr la porte à bien des doutes sur l'exactitude avec laquelle il peut nous fournir fidèlement la pensée de Lao-tse et les moyens de comprendre l'ensemble de ses théories. Ces doutes s'accroissent encore, quand on se rappelle les évènements qui se sont écoulés pendant ce laps de temps.

Notons d'abord que, contrairement à Confucius, Lao-tse n'a pas eu de disciples immédiats pour conserver l'esprit de sa doctrine aux générations postérieures, et que les deux plus anciens partisans de ses théories, Lieh Yu-keou et Tchouang-tcheou, étaient en somme des écrivains indépendants, plus enclins à raconter des anecdotes qu'à approfondir le système de celui qu'ils avaient plus ou moins franchement accepté pour leur maître.

Au contraire, la nombreuse École des Lettrés, qui voyait de jour en jour s'accroître la foule de ses adeptes et qui, grâce à la protection impériale, jouissait d'une sorte de suprématie religieuse en Chine, avait évi-

---

1. Wylie, *Notes on Chinese Literature*, p. 173.

demment intérêt à faire oublier les revendications du Taoïsme et à étouffer toute velléité de l'esprit public de s'en préoccuper.

A l'avènement de la dynastie des Tsin, vers le début du IIIe siècle avant notre ère, il est vrai, un revirement terrible s'opéra dans la manière de voir du gouvernement chinois : la culture des théories de Confucius fut interdite et ses apôtres eurent à subir de cruelles persécutions, en même temps que leurs écrits devenaient la proie des flammes. Le Taoïsme, en revanche, fut proclamé religion de l'État, et la philosophie de Lao-tse parut jouir de la protection à peu près exclusive du souverain.

Loin de voir, dans la faveur que Chi Hoang-ti accorda aux taoïstes un argument pour nous faire admettre que le sens original du texte de Lao-tse, s'il n'était pas déjà perdu par les Chinois, a pu se conserver à cette époque dans des conditions avantageuses, je crois que cette faveur n'eut d'autre résultat que d'en dénaturer de fond en comble et les tendances et la portée. Les orientalistes sont unanimes pour reconnaître l'abîme infranchissable qui sépare l'enseignement spéculatif du *Tao-teh King*, des conceptions grossières des taosses. Or, il n'y a point de doute, suivant moi, que ces conceptions grossières et puériles aient obtenu pour la première fois un grand développement sous l'empire des idées politiques du fameux ministre Li-sse, et que, pendant les années terribles du règne de son maître, on ne se soit bien plus attaché à faire disparaître le souvenir des vieilles dynasties royales de la Chine que de résoudre les problèmes relatifs à la Loi générale de l'univers et aux principes de la Raison pure. Pour ces motifs, qu'il serait facile de développer, je considère le siècle de Chi-Hoang-ti comme une époque bien autrement funeste que favorable à la conservation de la pensée de Lao-tse.

A la chûte de la dynastie des Tsin, les temps furent-ils meilleurs pour l'étude des principes fondamentaux du Taoïsme ? Je ne le pense pas. La renaissance des lettres chinoises s'accomplit d'une manière avantageuse à certains égards, mais elle s'opéra avec lenteur ; et nous savons, en ce qui concerne le Taoïsme, qu'elle fut à peu près nulle, les savants de cette époque n'ayant guère d'autre souci que de reconstituer le Confucéisme et l'ensemble des textes fondamentaux, perdus ou égarés, sur lequel repose cet enseignement. Ce n'est qu'assez tard, alors que les érudits chinois de la dynastie des Han eurent retrouvé tout ce qui n'était pas définitivement anéanti des anciens *King*, que l'attention de quelques-uns d'entre eux se porta sur les autres monuments de la littérature nationale. Ces monuments, par le seul fait qu'ils étaient étrangers à la doctrine confucéiste, devenue l'objet d'un véritable engouement parmi les classes instruites du pays, n'avaient qu'une assez maigre valeur aux yeux du grand parti de la réaction anti-taoïste toute puissante à cette époque.

Même à l'apogée de la renaissance des lettres, les bibliographes chinois ne nous font encore rien connaître d'important sur l'explication exégétique du livre de Lao-tse ; et il faut arriver au IIIe siècle de notre ère, comme nous l'avons dit, pour voir citer le commentaire authentique de Wang-pi que Julien qualifie de « notes très courtes, obscures à force de concision et de subtilité, jointes à un texte rempli de fautes[1] ». Le savant sinologue admet, il est vrai, l'existence de l'édition critique du *Tao-teh King* attribuée à l'Ho-chang Koung, laquelle serait antérieure de plus d'un siècle à l'œuvre de Wang-pi, et il n'hésite pas à appeler ce Ho-chang Koung le plus ancien commentateur de Lao-tse[2]. On a vu plus haut que l'œuvre attribuée à ce personnage hypothétique était une fabrication relativement moderne, dont il n'y a pas lieu de tenir grand compte lorsqu'on cherche à découvrir quels ont été les premiers interprètes indigènes du fondateur du Taoïsme.

L'introduction du Bouddhisme en Chine paraît avoir contribué à faire revivre les doctrines taoïstes qui avaient été un peu délaissées par leurs principaux sectateurs. On crut voir des analogies fondamentales entre l'enseignement de Lao-tse et celui de Çâkya-Mouni ; et certains enthousiastes chinois n'hésitèrent pas à considérer ces deux grands instituteurs comme étroitement unis d'idées l'un à l'autre[3]. On sait que la religion bouddhique fut officiellement adoptée par le gouvernement chinois dans les premières années du règne de l'empereur Ming-ti, de la dynastie des Han Orientaux : « L'Empereur, dit une chronologie indigène, envoya des commissaires dans le pays de Tien-tchouh, c'est-à-dire dans l'Inde, en l'an 65 de notre ère, pour

---

1. *Le Livre de la Voie et de la Vertu*, Préliminaires, p. XL.
2. *Libr. citat.*, p. 3.
3. Sou-tse-yeou, de la dynastie des Soung, dont il sera parlé plus loin, a notamment publié un ouvrage en deux livres intitulé *Tao-teh King kiaï*, dont le but était de démontrer l'origine commune du Bouddhisme et du Taoïsme. (Voy. *Sse-kou tsiouèn-chou kièn-ming mouh-loh*, livr. XIV, p. 59).

en rapporter les livres du Bouddhisme et faire venir à sa cour des *cha-mèn* ou prêtres de cette religion. La doctrine bouddhique fut introduite à partir de cette époque dans le Royaume du Milieu [1].

La date de cet évènement est postérieure de près de six siècles à l'époque probable de la mort de Lao-tse. Toutefois, si le Bouddhisme devint officiellement la religion de la Chine sous le règne de l'empereur Ming-ti, il y avait déjà longtemps qu'il avait pénétré chez les Chinois [2]. On rapporte, en effet, que cette religion fut introduite dans le Royaume-Fleuri par des missionnaires indiens, 217 ans avant notre ère [3], par conséquent sous le règne de Chi Hoang-ti, le célèbre autocrate de la dynastie des Tsin qui s'était montré, comme nous l'avons vu, aussi favorable à la propagation des idées taoïstes, que zélé persécuteur de l'enseignement confucéiste. Il y a néanmoins lieu de penser que, sous ce règne, le nombre des sectateurs chinois du Bouddhisme était peu considérable et que ceux qui adoptèrent cette religion en connurent beaucoup moins la philosophie que les légendes et les images. Sans cela, le Taoïsme officiel n'aurait pas manqué

---

1. *Li-taï ti-wang nièn-piao,* 8ᵉ année du règne de Ming-ti, de la dynastie des Heou-Han. — On lit dans les Annales de cette dynastie : « L'empereur Ming-ti vit en songe un homme d'or, grand de plus de dix pieds et autour de la tête duquel il y avait une auréole lumineuse. Il interrogea ses ministres à ce sujet. L'un d'eux répondit : « Dans « les contrées occidentales, il y a un Génie qui se nomme *Fouh* ; sa « taille est de dix pieds six pouces et sa couleur est celle de l'or. » L'Empereur envoya aussitôt des commissaires dans l'Inde pour demander la loi de l'enseignement bouddhique. » (*Heou-Han chou*, cité dans le *Youèn-kièn loui-han*, t. CCCXVI, p. 1).
2. Le Bouddhisme, avant cette époque, avait été déjà embrassé par de petits princes feudataires de l'état de Tchou et par son peuple. (Pauthier, *Chine ancienne*, p. 257).
3. Barthélemy Saint-Hilaire, *Le Bouddha et sa religion*, Introduction p. XIII.

de se transformer de fond en comble, ou même de se confondre avec le Bouddhisme. Or il n'en a pas été ainsi. Le Taoïsme de l'époque de Chi Hoang-ti ne se signala que par son amour du merveilleux et par ses pratiques de divination et de sorcellerie. Ses sectateurs avaient même convaincu le puissant despote qui régnait alors sur la Chine de l'existence d'un élixir[1] avec lequel on pouvait fabriquer de l'or et s'assurer le privilège de l'immortalité[2].

Il n'est cependant pas impossible que la prédication de la Bonne Loi indienne ait fait réfléchir plus d'un lettré chinois imbu des idées du *Tao-teh King*, et que, faute de trouver dans ce livre une base suffisante pour établir un système complet de philosophie en opposition avec les enseignements de Confucius, ces mêmes lettrés aient jugé à propos de faire de l'exégèse à outrance dans le but d'identifier les deux doctrines. L'amour-propre chinois se prêtait assez mal à la pensée de recevoir d'une source étrangère une religion plus parfaite que celle qu'avait su créer le génie national; et c'était peut-être une satisfaction à lui donner que d'établir la communauté de principes entre les préceptes de Lao-tse et ceux de Çâkya-mouni. Je ne vois pas d'autre manière d'expliquer comment on a pu soutenir en Chine si non une identité complète,

---

1. Voy., sur cet élixir, Mayers, *Chinese Reader's Manual*, p. 202, et pour plus de détails, le *Youèn-kièn loui-han*. t. CCCXIX, pp. 19 et suiv.
2. Les livres des taossés recommandent une foule de panacées qui ont non seulement le privilège de prolonger la vie, mais encore de donner aux hommes toutes sortes de qualités. « Ceux qui se nourrissent de végétaux, dit le *Tou-na King*, jouissent de la vigueur ; ceux qui se nourrissent de viande sont courageux ; ceux qui se nourrissent de grains sont sages ; ceux qui se nourrissent d'air sont immortels. »

du moins des analogies fondamentales entre deux systèmes aussi différents en réalité que le Taoïsme et le Bouddhisme.

A vrai dire, il s'en faut de beaucoup que les exégètes chinois du *Tao-teh King*, aient soutenu la conformité des théories du Taoïsme et du Bouddhisme autant qu'on pourrait le croire en lisant les écrits publiés jusqu'à ce jour par les orientalistes. La plupart des ressemblances signalées par les exégètes chinois n'ont trait qu'à des questions doctrinales absolument secondaires ; et nulle part on ne saurait découvrir dans l'enseignement de Lao-tse ce merveilleux ensemble de conceptions puissantes et toujours logiques qui caractérise le système de Çâkyamouni. On pourrait même soutenir que les affinités entre les deux doctrines ne reposent guère que sur l'emploi commun d'un certain nombre de termes philosophiques dont la valeur, insuffisamment déterminée dans les écrits taoïstes, laisse la porte ouverte aux interprétations les plus diverses. De part et d'autre, par exemple, on fait un fréquent usage du mot « le vide », qu'on nous présente comme la formule d'une condition supérieure chez les êtres. Ce mot, dans les livres de l'Orient, est de nature à nous induire sans cesse en erreur, si l'on n'y prend garde ; car il ne répond nullement à l'idée que nous en avons acquise en Occident. Au point de vue bouddhique, c'est l'état où peuvent parvenir les créatures, lorsqu'elles se sont délivrées des servitudes inhérentes à la forme et à la matière. Au point de vue taoïste, c'est l'état d'indifférence pour tout ce qui peut agiter l'esprit, faire naître dans le cœur de vains désirs et éloigner l'homme de la condition de nature dont une activité malsaine et d'ailleurs inutile est parvenue à le faire sortir.

Le peu que nous savons jusqu'a présent sur la manière de voir des commentateurs bouddhistes du *Tao-teh King* nous confirme pleinement dans la pensée que l'identification des deux doctrines par quelques auteurs ne résulte que d'un manque de données précises sur ces commentateurs. Au début de la liste qu'il nous a donnée des exégètes bouddhistes du livre de Lao-tse, Julien cite un personnage nommé Tchang Tao-ling. Ce personnage légendaire, que les taoïstes placent en tête de la dynastie de leurs pontifes, n'était à aucun égard un Bouddhiste. S'il est vrai qu'il ait jamais existé, il ne fut jamais rien de plus qu'un charlatan de bas étage. Je ne connais pas l'interprétation du *Tao-teh King* qu'on lui attribue ; mais je doute qu'on puisse en tirer un parti sérieux, et il est fort probable que cette interprétation serait absolument insuffisante pour établir dans une mesure quelconque la communauté d'origine du Taoïsme et du Bouddhisme.

Je possède, en revanche, un commentaire bouddhique ou prétendu tel de Lao-tse, commentaire que j'ai étudié dans toute son étendue[1]. C'est celui qui a été publié en 1098 par Sou tcheh, célèbre écrivain de la dynastie des Soung, plus connu sous le nom de Sou Tse-yeou[2].

Or ce Sou Tse-yeou est évidemment un des interprètes

---

[1]. Je ne suis pas sûr cependant de posséder ce commentaire d'une façon complète, et il est possible que dans l'édition dont je me suis servi, il ne soit reproduit qu'en abrégé.
[2]. Il vécut de 1039 à 1112 de notre ère.

de Lao-tse que les Chinois considèrent comme le plus enclins à associer le Taoïsme avec le Bouddhisme. Il n'est donc pas sans intérêt de nous en occuper un moment. Stanislas Julien, qui a confondu ce personnage avec son frère aîné, le fameux poète Sou Toung-po, rapporte [1] à son sujet quelques passages d'un récit qu'il me paraît utile de reproduire, en y ajoutant les suppressions que le savant sinologue a cru devoir faire, sans nous prévenir des motifs de ces suppressions.

« Sou Tse-yeou, dans la postface du commentaire qu'il a composé sur le *Tao-teh King*, a dit :

« A l'âge de 42 ans [2], je fus exilé à Yun-tcheou [3]. Quoique cet arrondissement soit peu étendu, il y a beaucoup d'anciens monastères bouddhiques. Des bonzes voyageurs de toutes les parties de l'empire s'y réunissent. L'un de ces bonzes, nommé Tao-tsiouèn, se rendit à la montagne des Arbres-Jaunes [4]. C'était un descendant de Nan-koung [5]. Sa conduite était élevée et son esprit pénétrant [6].

Un jour nous eûmes la conversation suivante [7] au sujet du Tao :

---

1. *Le Livre de la Voie et de la Vertu*, Préliminaires, p. XLII.
2. Julien dit par mégarde : « A l'âge de 40 ans. »
3. Nom que portait, sous la dynastie des Tang, le département actuel de *Choui-tcheou fou*, dans la province de Kiang-si (*San-tsaï tou-hoeï*, édit. jap., livr. LXIII).
4. En chinois : *Hoang-peh chan* (Julien lit : *Hoang-nie*). — Cette montagne, célèbre par ses monastères, est située dans la circonscription de Nan-tchang fou, arrondissement de Yun-tcheou (vide supra). Le célèbre Sou Toung-po, frère de Sou Tse-yeou, y composa une pièce de vers. (Voy. *Pin-tse loui-pièn*, livr. CXXXV, p. 56.
5. Il s'agit de Nan-koung, du pays de Tsou, dont il est parlé dans les Mémoires historiques de Sse-ma Tsièn (*Sse-ki*, sect. *Hiang-yu ki*).
6. Julien traduit : « En gravissant ensemble les hauteurs, nos deux cœurs s'entendirent ».
7. Pour plus de clarté, j'ai cru devoir reproduire cette conversation sous la forme dialoguée qui n'est pas celle de l'original chinois.

Sou Tse-yeou : Ce dont vous voulez bien m'entretenir, je l'ai déjà trouvé dans les livres des Lettrés, (c'est-à-dire dans les écrits de l'École de Confucius).

Tao-tsiouèn : Mais cette doctrine est celle du Bouddha ! Comment les Lettrés l'auraient-ils découverte par eux-mêmes ?

Sou Tse-yeou : Pas précisément. J'ai honte d'entendre dire qu'il y a eu des idées qui ont fait défaut aux Lettrés. Mais est-il vraiment raisonnable de prendre de la peine pour le leur reprocher ? La vérité, suivant moi, est qu'ils ont eu ces idées, mais que le monde n'en a rien su ! Les Lettrés et les Bouddhistes ne se sont pas compris : ils ont été comme les Tartares et les Chinois qui n'arrivent pas à converser les uns avec les autres. Vous, maître, dites-moi d'où vous avez tiré votre conviction.

Tao-tsiouèn : Ayez l'obligeance de me donner vous-même un aperçu de votre manière de voir.

Sou Tse-yeou : Le petit-fils de Confucius était Tse-sse. Ce Tse-sse a écrit un livre intitulé « L'Invariabilité dans le Juste-Milieu [1] ». On y lit ce qui suit : « Tant que le plaisir, la passion, la tristesse et la joie ne se sont pas manifestés, la condition se nomme *Juste-Milieu*. Lorsque ces sentiments se manifestent dans la mesure qu'ils ne doivent pas dépasser, la condition s'appelle *Harmonie*. Le Juste-Milieu est la grande assise du monde ; l'Harmonie en est la voie ouverte [2]. Du

---

1. Cet ouvrage, intitulé *Tchoung-young*, fait partie des Quatre-Livres dits « classiques » de l'École de Confucius. Il a été traduit en français par Abel-Rémusat et par Pauthier.
2. Le Juste-Milieu et l'Harmonie sont parfois identifiés par les philosophes chinois (Voy. Grube, *Tung-su des Ceu-tsi*, Wien, 1880, p. 37).

moment où les conditions de Juste-Milieu et d'Harmonie ont été réalisées, le Ciel et la Terre sont dans leur état normal et tous les êtres se développent régulièrement [1] ». Si telle n'est pas la doctrine bouddhique, que peut-on alléguer pour soutenir que ces paroles lui sont étrangères ?

Tao-tsiouèn : Qu'est-ce qui vous amène à parler de la sorte ?

Sou Tse-yeou : Le sixième patriarche bouddhique, Lou Hoeï-ning [2], a prononcé cette parole : « Lorsqu'on ne pense pas au bien, et qu'on ne pense pas au mal, c'est le moment vrai de l'existence [3]. » Qu'est-ce que cela peut signifier ? A l'expression de votre physionomie, je vois que votre pensée est que, depuis le sixième patriarche, la majeure partie des hommes a pénétré le sens d'une telle parole. Or quand on dit « Ne pas penser au bien, ne pas penser au mal », on exprime évidemment l'idée d'un état dans lequel le plaisir, la passion, la tristesse et la joie ne se sont pas encore manifestés. L'expression « Juste-Milieu [4] » n'est qu'une manière différente d'énoncer la condition excellente suivant le Bouddhisme ; et par Harmonie, il faut entendre la désignation générale de toutes les actions aux six

---

1. Siun-tse, philosophe du IVᵉ siècle, connu surtout pour avoir soutenu contre l'opinion de Mencius que la nature humaine était mauvaise à l'origine, a dit : « Le Tao est la doctrine du Juste-Milieu et de l'Harmonie ; c'est celle que pratiquent les Lettrés » (s. *Tching-ming*).

2. Ce patriarche vécut de 638 à 713 de notre ère ; il habita quelque temps dans le pays même où Sou Tse-yeou fit la connaissance du bonze Tao-tsiouèn.

3. « Quand on ne réfléchit pas au monde extérieur, c'est-à-dire au bien et au mal, la pensée originelle se produit. C'est ce qu'on nomme la pensée du Néant sans aucune attache » (Bodhidharma, cité par Fudi-sima, *le Bouddhisme Japonais*, p. 104). Voy. également le passage de la *Bhagavat-Gita* cité par M. Fern. Hù (*Dhammapada*, 1878, Introd., p. xxxviii.

4. Sanscrit : *Madhyamika*.

dégrés [1], qui conduisent à l'état absolu. Du moment où l'on est parvenu au Juste-Milieu et qu'on a atteint à l'Harmonie, tous les êtres du Ciel et de la Terre naissent dans l'intervalle. Comment pourrait-on démontrer que cela ne répond pas à l'idée bouddhique ?

Tao-tsiouèn, étonné, dit avec joie : J'ignorais cela dès l'abord ; désormais je le saurai.

Sou Tse-yeou répartit en riant : Pas précisément. Le monde à coup sûr n'a pas deux Tao : il y a néanmoins des différences dans la manière de comprendre le gouvernement des hommes. Si, par exemple, il n'existe pas de règles de politesse entre le prince et le sujet, entre le père et le fils, il en résulte des désordres. Pour la dignité des Lettrés, il ne suffit pas qu'ils connaissent les règles de la politesse sociale, s'ils ignorent la Loi-Suprême (le *Tao*). Il n'en est pas moins vrai que si un sage qui habite les montagnes et les forêts, se nourrissant du fruit des arbres et s'abreuvant de l'eau des ruisseaux, a su conserver dans son esprit le sentiment du Tao

---

1. En chinois : *louh-to*, c'est-à-dire les « six dégrés » de perfectionnement qui permettent à l'être de parvenir à « l'autre rive » (*pâramita*). Ces six dégrés ou vertus cardinales sont : 1. *pou-chi* « la charité » comprenant tous les sacrifices de soi-même, c'est-à-dire l'abnégation la plus absolue (*dâna*) ; — 2. *tchi-kiaï* « l'observance » des trois devoirs (*trividha dvara*) qui consiste à conserver la pureté du corps, celle du langage et celle de la pensée (*çila*) ; — 3. *jin-juh* « la résignation », c'est-à-dire la patience à supporter les insultes et l'exclusion de toute idée de vengeance (*kchânti*) ; — 4. *tsing-tsin* « la persévérance », entraînant l'idée de la force d'âme qui permet de ne point s'arrêter en chemin dans la poursuite de la Connaissance (*virya*) ; — 5. *chen-ting* « la solidité dans la Contemplation » c'est-à-dire l'état dans lequel l'esprit arrive à se dégager de toutes les influences extérieures, de tous les désirs et même du sentiment de l'existence, pour assurer à l'âme son libre et complet essor (*dhyâna*) ; — 6. *tchi-hoeï* « la sagesse », renfermant la conscience du caractère illusoire de tout ce qui appartient au monde de la forme (*pradjnâ*). — Bien que ce dernier dégré soit le plus haut, suivant le *Leng-kia King* (sanscr. *Langkâvatâra Sûtra*), la Méditation est le premier de tous. (Cf. *Ping-tse loui-pièn*, t. XCIX, p. 1 ; *San-tsang fah-sou*, livr. XXVII, pp. 3 et 8).

parfait, quand bien même ce serait un homme capable d'être un Maître Céleste » il se produirait des désordres, du moment où on le chargerait de gouverner le peuple. Les sages de l'antiquité pratiquaient le Tao, en conservant leur cœur dans le Juste-Milieu, mais ils n'intervenaient pas d'une manière inopportune aux lois de leur pays. En agissant ainsi, ils se montraient dignes de leur situation.

Tao-tsiouèn fit alors une révérence et dit : « Il n'est pas possible de mieux raisonner [1] ».

A cette époque, continue Sou Tse-yeou, je me mis à commenter le livre de Lao-tse. Chaque fois que j'avais terminé un chapitre, je montrais aussitôt mon travail à Tao-tsiouèn qui s'empressait de me dire : « Tout cela est conforme à l'enseignement bouddhique ! »

Après avoir demeuré cinq ans à Yun, je m'en retournai dans le Nord (à la capitale). Tao-tsiouèn lui aussi changea de résidence. Plus de vingt ans se sont écoulés depuis cette époque. Il a paru différentes interprétations du livre de Lao-tse, et de temps à autre aussi le sens de certains passages a été déterminé dans ces ouvrages [2]. Je n'y ai rien rencontré qui ne puisse s'accorder avec le Bouddhisme ; mais il ne s'est trouvé personne, parmi les hommes de mon temps, avec qui je puisse communiquer ma pensée à cet égard.

Plus tard j'ai revu Tao-tsiouèn et je lui ai montré

---

1. C'est ici que se termine le passage omis dans la traduction de Julien.
2. Julien traduit : « Vingt ans se sont écoulés depuis cette époque. J'ai revu et corrigé constamment mon commentaire de Lao-tseu, et je n'y ai jamais trouvé un seul passage que je ne pusse faire accorder avec la doctrine de Bouddha ». (*Le Livre de la Voie et de la Vertu*, Préliminaires, p. xliii.)

mon travail ; c'est ainsi que je me suis décidé à écrire une postface au livre de Lao-tse [1].

Dans la suite de la notice, on raconte qu'une copie du commentaire de Sou Tse-yeou, confiée par celui-ci à son frère aîné Tse-tchen, tomba par hasard entre les mains de son auteur en 1111. Tse-tchen y avait mis cette annotation : « Si ce commentaire eût existé à l'époque de la Guerre des Royaumes, on n'aurait pas eu à déplorer les malheurs causés par Chang-yang et par Han-feï ; si on l'eut possédé au commencement de la dynastie des Han, Confucius et Lao-tse n'auraient fait qu'un dans l'esprit public ; le Bouddha et Lao-tse n'auraient pas fait deux ! »

J'ai cru utile de reproduire cette notice consacrée au commentateur Sou Tse-yeou et d'y ajouter le passage important dont Julien a omis de nous fournir la traduction, parce qu'elle m'a parue propre à donner une idée succincte, mais au fond parfaitement exacte, de la manière dont les anciens éxégètes chinois ont compris les affinités du Taoïsme avec le Bouddhisme. Ces vieux interprètes de Lao-tse ont peut-être expliqué convenablement les pensées originales de ce philosophe, — ce dont je doute, par parenthèse ; — mais à coup sûr ils n'ont pas compris grand'chose au Bouddhisme, ou du moins ils n'en ont aperçu que les petits côtés. S'ils ont été conduits à trouver identiques les deux doctrines, c'est parce qu'ils ont été le jouet de quelques-unes de ces expressions obscures et à multiple entente qui ne se

---

1. Julien traduit seulement la première partie de cette phrase et omet la seconde : « J'eus ensuite l'occasion de revoir Thsiouen et je lui montrai mon commentaire ».

rencontrent que trop souvent dans le *Tao-teh King*[1]. On verra, par la suite, que cet ouvrage renferme des pensées puissantes et d'une valeur extraordinaire, surtout si l'on tient compte de l'époque et du milieu où elles se sont produites, mais que ces pensées n'y apparaissent qu'à l'état embryonnaire et dans un désordre qui ne permet à aucun titre d'y découvrir une conception tant soit peu complète des lois de la Nature universelle et de la Raison. Le texte fondamental du Taoïsme laisse échapper plusieurs éclairs de génie qui font honneur à l'antique imagination chinoise ; mais ces éclairs ont été à tous égards insuffisants pour éclairer le monde. C'est à peine s'ils ont laissé une trace lumineuse de leur passage dans les annales philosophiques de l'Extrême-Orient.

[1]. Voy. à ce sujet, les observations de M. le pasteur Wilhelm Rotermund, dans sa thèse inaugurale intitulée *Die Ethik Lao-tse's mit besonderer Bezugnahme auf die buddhistische Moral*, Gotha, 1874, p. 20 et pass.

V

LA DÉFINITION DU TAO.

La doctrine dont Lao-tse est le plus illustre représentant a été nommée *Taoïsme*, parce que c'est sur l'idée exprimée par le mot *Tao* que repose l'ensemble de son système. Ce mot chinois, qu'on a rendu littéralement par « Voie », mais qui a bien d'autres significations, est à peu près intraduisible. Il est intraduisible, — je l'ai dit ailleurs [1], — d'abord parce qu'il répond à des nuances d'idées dont nous n'avons pas l'équivalent exact en Europe, ensuite parce qu'il n'a pas été suffisamment défini par les taoïstes eux-mêmes, de sorte qu'il prête et a prêté d'âge en âge à une foule d'interprétations différentes. Le mieux, en pareil cas, serait peut-être de le conserver sous sa forme originale, comme l'ont proposé d'ailleurs quelques orientalistes [2] ; mais ce procédé n'a d'autre résultat que d'éluder la difficulté au lieu de la résoudre, et il faut essayer, je crois, d'en donner sinon la synonymie, du moins une explication dans des

---

1. Dans les *Mémoires de la Société Sinico-Japonaise*, t. VI, 1887, p. 5.
2. Carlo Puini, *Il Buddha, Confucio e Lao-tse*, p. 479. John Chalmers, *The Speculations of the Old Philosopher*, 1868, Introd., p. xi. — Voy. également les remarques de M. von Plaenckner, bien qu'il ait donné à sa traduction allemande du *Tao-teh King* le titre de *Der Weg zur Tugend*, Introduction, p. x et suiv.

termes aussi précis que possible. La preuve de l'embarras exceptionnel que présente l'intelligence de ce mot se manifeste par la multiplicité de valeurs qu'on lui a attribuées, non seulement dans les écrits des orientalistes mais aussi dans ceux des éxégètes asiatiques.

J'ai déjà mentionné les longues et ardentes discussions qui ont été ouvertes par les anciens missionnaires catholiques en vue d'établir la présence, dans les anciens livres de la Chine et en particulier dans celui de Lao-tse, de traces importantes d'emprunts faits à la *Bible*, et même de réminiscences de certains dogmes religieux qui auraient pénétré de toutes parts l'ancien continent aux premiers âges du monde. Je ne crois pas à propos de m'étendre ici sur ces débats sans issue qui, bien qu'engagés par des hommes très experts dans la connaissance du chinois, n'ont pas été placés par eux sur le terrain rigoureusement scientifique. Il s'agissait, en effet, bien plutôt, pour ces missionnaires, de servir un intérêt religieux que celui de la critique et de l'éxégèse ; et, sur la pente dangereuse où ils n'ont pas craint de se lancer, il était évident qu'ils arriveraient à des conclusions aussi aisément contestables qu'éphémères. Je ne me dissimule pas que le système qu'ils ont mis en avant est loin d'être absolument abandonné ; et nous devons nous attendre à le voir de temps à autre repris en sous œuvre et défendu comme il l'a été depuis eux, d'époque en époque, par des savants plus ou moins autorisés. A une date encore assez récente, plusieurs orientalistes n'ont pas craint de revenir sur les problèmes qu'ils avaient posés, et de soutenir la présence d'idées juives et chrétiennes dans les anciens

King et dans l'œuvre fondamentale de la philosophie taoïste.

Le nom de Lao-tse était connu depuis longtemps en Europe par les travaux des missionnaires de Péking, mais on s'était médiocrement intéressé à sa doctrine, bien qu'on prétendît qu'elle reposait sur la notion d'un Être Suprême en trois personnes [1], lorsqu'en 1823 Abel-Rémusat parvint à appeler d'une façon toute particulière l'attention sur ce philosophe. Dans un mémoire lu à l'Académie des Inscriptions et Belles-Lettres [2], ce savant orientaliste donna la traduction de quelques phrases du *Tao-teh King* et essaya de démontrer que ce livre renfermait des idées à bien des égards identiques à celles de Platon et de Pythagore. Il alla plus loin. Non seulement il admit qu'on y rencontrait la croyance en un Être Suprême, mais il crut y découvrir l'idée du Λόγος, dans le triple sens de « Souverain-Être », de « Raison », et de « Parole ». Le mot *Tao*, suivant lui, répondait sans conteste à l'idée platonicienne du Verbe qui a disposé l'univers, à la raison universelle de Zénon, de Cléanthe et des autres stoïciens, et à l'Être qu'Amélius disait avoir été désigné sous le nom de *Raison de Dieu* par un philosophe qu'Eusèbe croit pouvoir identifier avec Saint-Jean [3].

---

1. Montucci, *De studiis sinicis* (Berlin, 1808, in-4), p. 19, et *Remarques philologiques sur le voyage de M. Deguignes*, p. 64 ; le P. Amyot, dans les *Mémoires concernant les Chinois*, t. I, p. 300 ; Grosier, *Description générale de la Chine*, (Paris, 1785, in-4), p. 552.
2. Publié d'abord par extrait dans le *Journal asiatique*, 1re série t. III, p. 3, puis dans les *Mémoires de l'Académie des Inscriptions et Belles-Lettres*, t. VII, p. 1. — Voy. également les *Mélanges Asiatiques* du même auteur, t. I, p. 88.
3. Abel-Rémusat, *Mémoires sur Lao-tse*.

Le premier traducteur du *Tao-teh King*, G. Pauthier[1], se montra plus enthousiaste encore que ne l'avait été son maître Abel-Rémusat, et il ne craignit pas, dans l'argument du premier chapitre, de dire qu'il s'y trouvait « de la métaphysique la plus haute qui ait jamais été conçue par une intelligence humaine[2] ». Suivant lui, le mot *Tao* aurait eu le sens de « Souveraine intelligence directrice, Raison primordiale suprême », comme « le Λόγος de Platon, de Philon, de Plotin, de Saint-Jean et d'autres philosophes[3] ».

L'opinion de ces deux savants, bien fondée à plus d'un égard, ne tarda pas cependant à être contestée.

Dans la traduction du *Tao-teh King* qu'il fit paraître en 1842, Julien attaqua avec vivacité non seulement les théories des missionnaires qui avaient voulu voir l'idée de la Trinité dans l'œuvre de Lao-tse, mais encore celle d'Abel-Rémusat qui traduisait le mot *Tao* par « Raison ». Quant au travail publié par Pauthier quatre ans auparavant, il ne jugea pas même à propos d'en mentionner l'existence. Aux yeux de Julien, *Tao* doit être rendu par « Voie », qui est une des acceptions habituelles de ce monosyllabe dans la langue vulgaire : elle résulte « clairement », dit-il, de plusieurs passages du texte même de Lao-tse[4].

Cette nouvelle manière de comprendre le *Tao* n'a été

---

1. La traduction complète qu'avait faite Pauthier a commencé à paraître par livraisons en 1838 : elle n'a pas été continuée. L'auteur y a joint la traduction in extenso du commentaire de Sieh-hoeï et des extraits des autres commentateurs.
2. Pauthier, *le Livre révéré de la Raison Suprême et de la Vertu*, traduit en françois et publié pour la première fois en Europe. (Paris, 1838, in-8), p. 5.
3. Pauthier, *Loc. cit.*
4. Julien, *Le Livre de la Voie et de la Vertu*, Introduction, p. xiii.

admise que par un très petit nombre de savants. Le baron d'Eckstein l'a considérée comme « irrévocablement » établie, parce que seule, suivant lui, elle rend compte « du caractère de cette doctrine, de l'opposition tranchée entre la voie de l'esprit et celle du monde, entre la route sacrée et la route profane ». Le même critique pense que « toute interprétation du mot *Tao* par *Logos* serait un contre sens [1] ».

Les orientalistes qui, depuis Julien, nous ont donné de nouvelles traductions du *Tao-teh King* ou qui en ont discuté le contenu, n'ont généralement pas partagé la confiance du baron d'Eckstein, et ils ont proposé toutes sortes d'autres explications. L'usage du mot « voie » laissait évidemment beaucoup à reprendre. Si l'intention du traducteur était de ne pas donner une acception précise à un mot obscur et dont il ne parvenait pas lui-même à bien saisir le sens, il n'y avait alors rien de mieux à faire que de le laisser sous sa forme indigène ; s'il voulait, au contraire, par l'explication du mot, faciliter l'intelligence de la doctrine du vieux philosophe, il était indispensable que la traduction expliquât quelque peu la grande idée qu'il s'agissait de faire connaître. Or, malgré l'ingénieux développement donné par le baron d'Eckstein au mot « voie », ce mot est à une foule d'égards insuffisant. Traduire par « voie », c'était passer outre sur la difficulté et à aucun égard l'amoindrir. La majeure partie des critiques du Taoïsme qui ont écrit depuis cette époque l'ont fort bien compris, et s'ils ne sont pas

---

[1]. D'Eckstein, dans le *Journal asiatique* de 1842, t. XIV, pp. 304-305.

complètement parvenus à rendre l'idée chinoise, on ne peut se refuser de reconnaître que beaucoup d'entre eux l'ont pressentie, sinon dans son ensemble, au moins dans quelques-uns de ses aspects les plus importants.

Le danger pour les orientalistes qui ont essayé de définir le mot *Tao* était d'abord de vouloir lui attribuer un équivalent exact dans la terminologie philosophique du monde européen ; c'était ensuite de trouver un terme qui indiquât à la fois une logique créatrice et un élément moteur de cette logique. Le Dr James Legge[1] propose de remplacer « voie » par « méthode ». Mayers[2] hésite à faire usage du mot « le monde » dans le sens de *logos*, parce que ce serait répondre ainsi à une question qu'il juge préférable de laisser pendante. M. de Harlez[3], qui considère Lao-tse comme un prédécesseur de Schelling, se révolte à la pensée de rendre *Tao* par « Raison » et y voit « une intelligence éternelle et infinie, productrice des êtres qu'elle illumine ». M. Mayers[4], sans offrir une traduction, le considère comme le Premier Principe, vaste, intangible, impersonnel de la Création, existant par soi-même, se développant par soi-même, mère de toutes choses. M. Balfour[5] propose beaucoup d'interprétations différentes : il rattache finalement le Tao à l'Αὐτὸ τὸ αὐτὸ de Platon, et pense qu'il faut le traduire simplement par « Nature », considérée comme âme ou principe actif de l'univers, et comme

---

1. *The Religions of China*, 1880, p. 220.
2. *The Speculations of the Old Philosopher Lao-tse*, 1868, Introd. p. xi.
3. *Lao-tse* dans les *Mémoires couronnés par l'Académie Royale de Belgique*, 1884, et extrait, p. 13 ; *Le Livre du Principe lumineux*, dans les *Mémoires de l'Académie Royale de Bruxelles*, 1885, et extrait, p. 5.
4. *Chinese Reader's Manual*, 1874, p. 112.
5. *The Divine Classic of Nan-hua*, 1881, Excursus, p. xxxv.

puissance ou cause distincte des effets que nous voyons autour de nous. L'abbé Callery, qui prétend que Lao-tse et Confucius avaient sur « cet être mystérieux » appelé Tao des idées à peu près identiques [1], se demande s'il ne faut pas adopter pour son explication « la Vérité éternelle, la Raison divine, l'essence de Dieu lui-même ; » et ailleurs le même sinologue est tenté de traduire par « la Vérité », dans l'acception abstraite la plus étendue [2]. M. Victor von Straus n'hésite pas à interpréter le terme fondamental de la doctrine taoïste par « Dieu » et il incline même à trouver la mention du nom de « Jéhovah », comme l'avait fait Abel-Rémusat, dans le texte de Lao-tse [3]. Enfin le sinologue Fréd. Neumann, de Munich, croit pouvoir rendre les mots *Tao-teh King* par « le Livre de la Force et de l'Action »[4]. Je renonce à citer ici les autres valeurs qui ont été données du *Tao*, en me bornant à faire observer qu'elles rentrent toutes à peu près dans une ligne d'idées analogues à celles que je viens d'énumérer.

Ces définitions, malgré leur diversité plus ou moins formelle [5], pivotent évidemment autour d'une

---

1. Dans les *Memorie della R. Accademia delle Scienze di Torino*, Sciences morales, sér. II, 1855, t. XV, p. 42. — M. Carlo Puini soutient au contraire, que le Tao de Lao-tse n'a rien de commun avec le Tao de Confucius (*Il Buddha, Confucio e Lao-tse*, p. 473).
2. Dans la *Biographie Générale* de Hoefer, art. Lao-tze. — Callery ne voit pas pourquoi l'on traduirait par « voie », expression qui, dans l'espèce, ne signifie absolument rien, par la raison qu'elle signifie tout ce que l'on veut (*Memorie*, loc. supr. cit., p. 42 n.).
3. *Làoi-tsè's Tào Tè king* aus dem Chinesischen ins Deutsche übersetzt, eingeleitet und commentirt, 1870.
4. « Das Buch von der Kraft und Wirkung. »
5. Le Tao, dit M. Chantepie de la Saussaye, désigne le Principe original, l'ordonnancement du monde, la méthode rationelle, et encore bien d'autres choses de ce genre. (*Lehrbuch der Religionsgeschichte*, t. I, p. 253).

même notion qui tend à se dégager des incertitudes inhérentes à un terme technique que son auteur n'a pas lui-même expliqué d'une façon assez précise pour dissiper les incertitudes. Cependant, avant de chercher à tirer parti du travail des orientalistes qui se sont préoccupés de découvrir la base fondamentale du Taoïsme, il me paraît utile de rechercher dans les livres chinois quelques indications pour nous faciliter l'intelligence du problème.

Plusieurs sinologues ont jugé opportun d'examiner les éléments constitutifs du signe de l'écriture idéographique chinois à l'aide duquel est écrit le mot *tao*. Ces éléments sont au nombre de deux : l'un indique « la marche », l'autre « la tête ». Pauthier s'efforce de leur trouver un sens en rapport avec le système philosophique qu'il prête à Lao-tse. Il les explique, le premier par « marche, mouvement en avant », le second par « tête, principe, commencement », et les deux ensemble par « marche intelligente », et ensuite « voie, voie droite », pris métaphysiquement par « chemin de la vertu, règle de conduite, parole », mais en élevant sa signification jusqu'à l'idée de « souveraine Intelligence directrice, Raison primordiale suprême [1] ». Le Rév. James Legge nous dit à son tour que le caractère *tao* est composé de deux éléments, l'un signifiant « tête, chef », l'autre « marcher et accomplir un voyage ; par métaphore, il est employé pour « le cours de l'action » ou « cours de la vie », puis ensuite pour « une méthode » ou « règle relative à un tel cours. Dans cette dernière

---

1. Pauthier, *le Livre révéré de la Raison suprême et de la Vertu*, p. 5.

acception, il peut être traduit par « doctrines, principes », et par d'autres termes analogues [1].

Laissons maintenant parler les Chinois, et tout d'abord les meilleurs dictionnaires qu'ils ont publiés.

Le mot *Tao*, dans la langue commune, a deux significations principales : il répond au substantif « route » et au verbe « parler » ; mais ce ne sont pas pour ces significations qu'il occupe une large place dans les œuvres des lexicographes indigènes : c'était en effet le terme philosophique qu'il s'agissait avant tout d'interpréter et non point l'expression en usage dans la langue populaire. L'emploi de ce terme remonte aux époques les plus reculées de la littérature des peuples de race Jaune. Pour des motifs qu'il serait trop long d'énumérer ici, j'ai été amené à croire qu'à l'origine il avait une seule et même valeur dans les écrits qui appartenaient aux diverses manifestations de la pensée chinoise, et que, même à l'époque de Lao-tse et de Confucius il n'était pas entendu par les hommes de lettres de plusieurs manières différentes. Par la suite seulement, et lorsque les deux Écoles se furent posées d'une façon définitive en rivales l'une de l'autre, des définitions distinctes furent formulées. Je ne veux pas dire par là que Confucius attachait au Tao une idée aussi profonde que son illustre contemporain Lao-tse : le sens général du mot était unique, mais la portée qu'on lui attribuait dans le Taoïsme était infiniment plus haute et plus profonde que celle qu'on lui donnait dans le langage du Confucéisme.

---

[1]. James Legge, The *Tâo-teh King*, 1883, pp. 11-12.

Tao signifiait primitivement le principe supérieur de l'existence : il s'associait de la sorte tout à la fois à l'idée de « puissance vitale et créatrice », et à celle de « règle morale ». C'est dans cette dernière acception qu'on a pu dire « le *Tao* de la dynastie des Tcheou », pour « le principe gouvernemental et politique de la dynastie des Tcheou [1] ». C'est également dans ce sens qu'on a pu le considérer comme synonyme d'un autre mot *tao* qui signifie « conduire [2] ». Enfin, parmi une foule d'acceptions empruntées à des passages caractéristiques des plus célèbres écrivains et dont je citerai tout à l'heure quelques exemples, *Tao* a été rendu par « Raison [3], Science [4], Principe universel [5] et Créateur [6].

Si, après avoir pris note de ces explications rudimentaires, on recherche la valeur donnée au Tao dans les ouvrages des principaux écrivains chinois, on s'aperçoit que cette valeur se modifie peu à peu suivant la théorie philosophique que ces écrivains ont définitivement adoptée. Tao répond à l'idée de « pénétration » :

---

1. *Tcheou li*, litt. « Rites des Tcheou » (*Li-ki*, sect. *Tse-toung*). — « On entend par Tao la conduite des sages rois » (*Kou-tse Tao-teh choueh*). — « C'est au moyen du Tao qu'on conduit le peuple (Kouan-tchoung, *Kouan-tse chou*, sect. *Kiun-chin*, part. I ; — « Ce sont les principes qui servaient aux anciens rois pour diriger le peuple » (*Tcheou-li*, sect. *Koung-tching*, comment.). — *Tao* est aussi donné comme équivalent du mot *li* « les rites » (cf. Siun-tse, chap. *Tien-lun* et *I-ping*, et le *Lun-yu*, chap. *Weï-ling*).
2. « C'est au moyen du Tao que l'empereur conduit le peuple ». — *Tao* est également expliqué par « principe traditionnel de gouvernement ».
3. Tchouang-tse, *Nan-hoa King*, sect. *Chen-sing*. « Par raison, dit le commentaire, il faut entendre la soumission aux lois de la Nature » (édit. jap., livr. v, p. 40).
4. *Ta-hioh*, cité par le dictionnaire *Pin-tse-tsièn*, au mot TAO.
5. Tchouang-tse, *Libr. cit.*, sect. *Tseh-yang* (édit. jap., livr. VIII, p. 40) ; c'est ce qui recouvre et ce qui supporte tous les êtres. (*Ibid.*, sect. *Tien-ti*).
6. Han-feï-tse, sect. *Kiaï-lao*.

« il n'y a rien que le Tao ne pénètre [1] ; il est la cause de l'existence, le principe d'où dérivent les créatures » [2]. C'est ce qui a tiré de sa propre essence le ciel et la terre [3]. Chez les confucéistes, l'humanité et la justice sont les sentiments qui constituent le « Grand Tao » [4] ; c'est par le moyen du Tao qu'on met la vertu en lumière [5]. Chez les taoïstes, c'est le vide, ce qui est sans forme [6], le Non-être [7], le Non-agir [8] l'incorporel : tout naît dans le Sans-forme [9] ; puis la transformation [10], la métempsychose et particulièrement la condition dans laquelle on se conforme à la Nature [11].

Le Tao est également identifié à la Parole d'une façon qui justifie dans une certaine mesure les savants qui ont voulu le rapprocher du Λόγος de l'École platonicienne. C'est ensuite la Science dans l'acception donnée

---

1. *Fah-yen-wen-tao* ; Cf. *Li-ki*, sect. *Kioh-li*, hia.
2. *Li-ki* (Le Grand Rituel), sect. *Li-ki*. Cf. Lao-tse, *Tao-teh-king* ; Tchouang-tse, *Nan-hoa king*, sections *Yu-fou* et *Tien-li*.
3. Kouan-tchoung, *Kouan-tse chou*, sect. *Sse-chi*. Cf. Kou-tse, *Tao-teh chouoh*. Le Ciel a été produit par la manifestation du Tao et par sa Vertu. (Meh-tse, sect. *Feï-ming*, hia).
4. *Li-ki*, sect. *Yoh-ki*. — Le sage, au moyen de la musique, obtient le Tao. (*Lib. cit.*).
5. Le Tao est la base de la Vertu (Kou-tse, *Tao-teh chouoh*). C'est se soumettre à la Raison et ne pas s'en départir (Kouan-tse, sect. *Kien-chin*.
6. Kouëï-kouh-tse, *Li-yu tchoung-ming chou* (Le Livre du Destin), sect. *Yin-fou* ; Cf. *Yih-King*, sect. *I-sse*, partie I.
7. Kouan-tchoung, *Kouan-tse chou*, sect. *Sin-chouh*.
8. « Qu'entend-on par Tao ? — Il y a deux *Tao* ; le Tao céleste et le Tao humain. Le Tao céleste consiste dans l'Inaction et ses privilèges ; le Tao humain repose sur l'activité et ses périls. Le Tao céleste est le maître, le Tao humain est le sujet ». Tchouang-tse, *Libr. cit.*, édit. jap., livr. IV, p. 28, comment.).
9. Kouëï-kouh tse, *Libr. cit.*, sect. *Fan-fouh* et *Yin-fou*.
10. Ou plutôt ce qui provoque la transformation, car le Tao lui-même est un et ne peut pas changer (Tchouang-tse, *Nan-hoa king*, sect. *Tsaï-yeou*), édit. jap., livr. IV, p. 26.
11. *Li-ki*, sect. *Tchoung-young* ; Fan-i, *Heou-Han chou*, sect. *Tchou-mouh tchouèn*. — Agir conformément à la Nature s'appelle Tao (*Hoaï-nan-tse*, sect. *Tsi-souh*).

par les bouddhistes à la connaissance ou *Bôdhi*, et la loi de l'évolution des êtres. Enfin, c'est la Force morale, le principe de mouvement dans la nature [1], l'âme de la locomotion [2].

Il eut été facile d'emprunter encore aux grands lexiques des Chinois et aux principaux monuments de leur littérature une foule d'autres nuances du mot *Tao* ; celles qu'on vient de lire me paraissent ici suffisantes, et je crois à propos d'examiner maintenant quelques-unes des phrases les plus caractéristiques du livre de Lao-tse, où il en est fait usage.

C'est dans le chapitre xxv° de son *Tao-teh King* que l'illustre philosophe semble avoir voulu nous donner la principale explication du terme essentiel de sa doctrine. Cette explication, comme il fallait s'y attendre, n'a pas été comprise de la même façon par tous les sinologues. Voici comment j'ai cru devoir en tirer parti [3] :

Il est une force indivise, parfaite, antérieure au Ciel et à la Terre,
Sans forme ! incorporelle !
Établie solitaire et immuable,
Circulant partout, éternelle.

A quoi peut donc répondre l'idée de cette force circu-

---

1. *Choueh-fan pièn-wouh*.
2. *Hing chin*.
3. On trouvera les motifs de l'interprétation de ce passage, dont j'ai discuté l'un après l'autre tous les mots en m'appuyant sur les meilleures autorités lexicographiques de la Chine, dans les *Mémoires de la Société Sinico-Japonaise*, 1887, t. VI, p. 5. Je me propose de revenir ailleurs, avec les développements désirables, sur le sens de « force » que j'ai attribué au mot chinois *wouh* (vulg. « chose »), afin de compléter la série des arguments sur lesquels je me fonde pour l'adopter. L'interprétation « force » ne résulte pas seulement de ce que nous apprennent les dictionnaires, mais de l'ensemble de la doctrine de Lao-tse, telle qu'elle ressort de l'examen comparé des chapitres les plus importants du *Tao-teh King*.

lant partout éternelle, si ce n'est à l'idée de Dieu [1] ? Il ne s'agit évidemment pas du Dieu corporel des peuples primitifs ; ce n'est pas davantage l'Élohim de la *Genèse*, ni même le Jéhovah du canon biblique. Le Tao de Lao-tse exclut toute hypothèse anthropomorphique. C'est quelque chose de bien autrement élevé que le *Tien* ou ciel prétendu immatériel des livres de Confucius [2] ; ce n'est pas non plus le *Chang-ti* ou Suprême-Empereur qu'on a fait d'incroyables efforts pour assimiler avec notre notion de Dieu. Peut-on dire que ce soit la Nature universelle, la Loi créatrice des mondes ? La pensée de Lao-tse a été plus puissante encore, parce qu'elle a été plus réfléchie. Le premier chapitre de son livre, si l'on se décide à traduire par « Dieu » le mot *Tao*, débute ainsi qu'il suit:

Le Dieu qu'on peut définir n'est pas le Dieu éternel ;
Le nom qu'on peut prononcer n'est pas le nom éternel [3].
Il est ineffable, en tant que principe du Ciel et de la Terre ;
Il n'a de nom que lorsqu'il devient la Mère des Créatures ;
En conséquence, Éternel Non-Être [4], il voulut apercevoir sa beauté parfaite ;

---

1. Voy. à ce sujet, les paroles de l'empereur Jin-tsoung citées par Rob. Morisson, dans ses *Horæ sinicæ*, 1812, p. 63.
2. On prétend que l'empereur *Ti-yih*, de la dynastie de Chang, qui vivait environ quatre siècles avant Moïse, répandit en Chine le culte des idoles, qu'il appela « Génies du *Tièn* ou Génies célestes ». Mais ce culte a été condamné par les Chinois eux-mêmes qui ont qualifié *Ti-yih* de « prince sans Tao ». (Rob. Morrisson, *View of China*, 1817, p. 55).
3. Dans le résumé des théories taoïstes attribué à Tchoung-li Kiouen, de l'époque des Han, il est dit : « Le grand Tao est sans forme, sans nom, sans question, sans réponse » (Pfizmaier, *Chinesische Begründungen der Taolehre*, 1886, p. 11).
4. Le Non-Être doit être compris ici à peu près comme l'avait compris Parménide, lorsque, voulant affirmer Dieu, il déclara qu'il ne fut jamais (οὐδέ ποτ' ἦν) et ne sera jamais (οὐδ' ἔσται) J'ai du reste l'intention de traiter ailleurs avec les développements voulus l'idée du Non-Être et du Vide à propos de la philosophie bouddhiste, et de démontrer que, dans la pensée indienne comme dans la pensée taoïste, cette idée n'a rien à faire avec la notion du Néant, telle que nous la comprenons d'habitude en Europe.

Éternel Être, il voulut apercevoir sa condition limitée ;
Sa double nature s'est manifestée simultanément, mais le Verbe n'a pas été le même.
Dans sa synthèse, il s'appelle l'Insondable ;
Insondable et encore insondable, il est la porte de toutes les perfections.

Une pareille traduction du texte de Lao-tse aurait évidemment besoin d'être justifiée par un commentaire assez explicite pour établir les motifs qui l'ont rendue possible. Ce n'est pas ici le lieu d'entreprendre un tel travail. Je crois néanmoins que c'est en procédant comme je l'ai fait, et non pas au moyen d'un simple mot à mot à coups de dictionnaire, qu'on peut arriver à fournir une idée juste du vieux système de philosophie taoïste. Dans le passage qu'on vient de lire et malgré le caractère libre de la version française, je crois avoir reproduit la pensée de Lao-tse. La discussion philologique de chaque terme viendrait au besoin confirmer ma manière de voir, et des extraits des éxégètes indigènes les plus autorisés serviraient dans bien des cas à la faire accepter.

Les deux fragments que j'ai donné du *Tao-teh King*, si l'on admet mon interprétation, suffisent-ils pour faire voir dans le Taoïsme, comme l'ont voulu d'ailleurs quelques savants orientalistes, la notion de Dieu sous une forme monothéiste nettement accusée ? Le doute ne me paraît pas possible, à la condition toutefois de bien s'entendre sur ce que signifie le mot « Dieu » et sur quelle somme de développement intellectuel s'appuie, suivant les temps et suivant les climats, la conception religieuse qui porte le nom de « monothéisme »[1].

---

1. M. Victor von Straus, qui a développé des vues remarquables sur le caractère comparé de l'idée monothéiste dans les principales doc-

L'idée de Dieu, telle qu'elle résulte de l'examen approfondi des portions intelligibles du *Tao-teh King*, fait évidemment le plus grand honneur au génie de Lao-tse. Elle est énoncée sous une forme qui exclut toute hypothèse d'anthropomorphisme, et c'est probablement en vain qu'on tenterait de s'exprimer à son égard en termes plus affirmatifs et plus rigoureux. Le Tao est le principe initiateur et intelligent des êtres qui sont sortis de son sein et qui doivent rentrer en lui; il est la raison suprême qui règle l'évolution générale dans la Nature et donne à cette évolution une cause rationnelle et une finalité logique et nécessaire [2]. Dans son acception la plus ancienne, le *Tao*, il est vrai, n'a pas un caractère d'unité constante : il se manifeste quelque fois par un dualisme analogue à celui qui a servi de base à une foule de vieilles conceptions religieuses plus ou moins complètes, plus ou moins philosophiques [3]. Ce dualisme, dans Lao-tse, est poussé jusqu'à la conception trinitaire du principe

trines religieuses, fait observer que les anciens Chinois n'ont pas eu de nom spécifique proprement dit pour désigner « Dieu », mais qu'ils se sont servis de qualificatifs, tels que « le Seigneur », « le Seigneur Suprême », « le Ciel ». Il prête néanmoins au *Chang-ti* des attributions divines dont quelques-unes ne me paraissent guère applicables qu'au *Tao* de l'École de Lao-tse. (*Essays zur Allgemeinen Religionswissenschaft*, 1879, p. 24).

2. Lao-tse, dit Louis Büchner, « identifie la faculté intellectuelle de l'homme avec la raison de l'univers et avec l'Être suprême lui-même, et dans son système on ne trouve pas la moindre allusion à l'existence d'un *Dieu personnel* ». Le même auteur ajoute : « Le Tao *aime* tous les êtres et *pourvoit* à leurs besoins ». (*Force et Matière*, trad. A. Regnard, 1884, p. 274). — N'y a-t-il pas là, au moins dans les termes employés par l'éminent professeur de Darmstad, quelque chose qui semble contradictoire et qui attribue au Tao de Lao-tse deux caractères essentiellement différents ?

3. Voy., sur l'ancien dualisme chinois dans ses rapports avec le fait de l'existence du Bien et du Mal, quelques vues curieuses de Heinrich Schumacher. (*Die verborgenen Alterthümer der Chineser*, 1763, §§ 58 et suiv.).

TAOÏSME.

créateur de l'existence. Il révèle, tant bien que mal une théorie où l'on suppose que les éléments de la création, sortis de l'unité primordiale, ont obtenu leur diversité par les forces d'un dualisme secondaire, pour aboutir finalement à leur retour vers leur source au moyen d'une synthèse caractérisée par l'expression trinitaire.

Ce n'est pas, il faut le reconnaître, dans ces sortes de spéculations, fort goûtées des Orientaux mais souvent dangereuses, qu'il convient d'admirer la profondeur de la théorie de Lao-tse. Cette théorie ne se montre nulle part aussi belle que là où elle s'offre dans toute sa simplicité, là où elle se refuse de franchir la somme de savoir à laquelle nous pouvons prétendre sur l'organisme cosmique qui produit l'évolution des mondes. C'est même dans l'aveu d'impuissance si nettement exprimé par le vieux philosophe chinois qu'il convient surtout de reconnaître la noble ampleur de sa pensée. Sans prétendre comme l'a fait Tertullien, que l'embarras qu'on éprouve à concevoir Dieu est ce qui nous donne de son existence l'idée la plus magnifique [1], c'est à coup sûr faire œuvre bien gratuite de raisonnement que de vouloir définir l'absolu et le mesurer d'une façon quelconque avec le mètre intellectuel encore si étroit dont nous disposons. Le bon sens le plus vulgaire nous enseigne que nous ne pouvons acquérir sur la Loi suprême et initiatrice des mondes qu'une idée en rapport avec les conditions de développement rationnel spécial à la sphère d'intel-

---

1. Hoc est quod Deum æstimari facit, dum æstimari non capit. (Tertullien, *Apologeticus*, § 18).

ligence au sein de laquelle nous évoluons; que cette idée, vraie en tant que manifestation intuitive et rudimentaire, doit aller sans cesse en s'élargissant, c'est-à-dire en se complétant, par la connaissance de plus en plus approfondie des phénomènes de la Nature. Lao-tse a eu le pressentiment de cet axiome fondamental sans lequel il ne saurait y avoir de base solide pour la philosophie ou plutôt pour ce qu'on appelle aujourd'hui la *Science idéale* ou Science de la Destinée. Il est juste de lui en savoir gré. C'est plus qu'il n'en faut pour défendre sa race du reproche d'athéisme qui lui a été adressé, reproche qui eut été juste, quoi qu'en ait dit Voltaire [1], si l'on avait dû se réduire à chercher l'idée déiste des Chinois dans l'enseignement prétendu positif de l'École de Confucius.

Mais ce n'est pas seulement une aperception vraie de l'idée monothéiste qu'on peut découvrir dans le livre de Lao-tse. On y rencontre encore une pensée intimement unie à celle qu'ont eu les adeptes du Védanta brahmanique et les disciples de la grande École platonicienne sur le motif *nécessaire* de la création. Cette pensée qui, dans le Vieux-Philosophe ne se traduit, il est vrai, que par une formule incomplète et dépourvue des corollaires indispensables pour lui assurer la portée qu'elle doit avoir, est celle du retour de tout ce qui existe dans le Tao éternel. Le Tao éternel, appelé à recevoir dans son sein — évidemment après des périodes successives d'évolution logique — les créatures qui en sont sorties [2], est alors qualifié de « Non-Être », et le principe des

1. *Dictionnaire philosophique*, art. *Chine*.
2. *Tao-teh King*, chap. 40.

choses de la forme, qui en est la manifestation obligée, de « Mère du Monde [1] ».

Ici encore, il faut faire appel à la critique la plus délicate pour ne pas se méprendre sur la signification des termes employés et pour éviter aussi de leur attribuer un sens qu'ils n'avaient peut-être pas dans le *Tao-teh King*. Le « Non-Être », dans le Taoïsme primitif, comme dans le Bouddhisme, n'est à aucun titre « le néant ». Pour le qualifier en peu de mots, sans entrer dans de longues disputes que l'étude historique de l'expression pourrait sans doute motiver, il convient peut-être de l'expliquer par l'exclusion de tout attribut relatif à la forme et à la matière. Quant à l'idée du Tao devenant « la Mère du Monde », je crains fort qu'on ne puisse l'éclaircir sans prêter à Lao-tse des théories sur la création qu'il serait bien difficile de justifier avec le texte si exigu que nous possédons sur sa doctrine. Le plus sage est alors de ne pas poser la question, afin de n'avoir pas à la résoudre d'une manière hypothétique et peut-être même absolument imaginaire.

En résumé, Lao-tse nous prouve par son livre qu'il avait acquis une puissante aperception de la loi du Devenir appliquée à l'univers et à son but ; mais que, faute d'avoir su tirer de cette aperception les conséquences dont elle était susceptible, il n'a pu y découvrir la base d'un système général sur les lois de la vie et de la destinée. De ses théories incomplètes, il ne devait découler aucun enseignement moral et

---

1. *Tao-teh King*, chap. 52.

pratique, aucune application religieuse ; elles ne pouvaient conduire qu'à préconiser le retour à l'état de nature et à condamner d'une façon plus ou moins formelle le travail de l'esprit et le progrès par l'activité humaine. L'histoire du Taoïsme, dans les siècles qui ont suivi l'époque de son illustre fondateur, ne prouve que trop la justesse de cette appréciation.

VI

LA PHILOSOPHIE DE LAO-TSE

Le Taoïsme, à l'époque de Lao-tse, avait à peine le caractère d'un enseignement religieux. C'était tout au plus une philosophie pratique, associée à quelques rares maximes de l'ordre spéculatif. Les Chinois d'ailleurs ont toujours eu une certaine répugnance à se lancer dans cet ordre de recherches auquel on a donné en Occident le nom de « métaphysique ». Si l'on rencontre, dans le *Tao-teh King*, la notion de Dieu, — qui, par parenthèse, manque à peu près complètement dans le Confucéisme, — elle y apparaît dépourvue de corollaires et de superfétations. Le Tao nous est présenté dans les termes vagues qui conviennent à la formule d'une idée fort au-dessus de nos moyens actuels de compréhension et dont il ne nous est permis de posséder en cette vie que le plus modeste aperçu. A ce sujet, il n'est peut-être pas inutile de faire la remarque que, dans aucune religion connue, ancienne ou moderne, on n'a donné preuve d'une égale sobriété de langage, lorsqu'il s'est agi de parler du Créateur du monde et de l'Éternelle perfection qui le gouverne. Le Bouddhisme lui-même n'a pu se soustraire à la tendance générale de l'esprit humain d'inventer, en dehors de ce monde, une cour céleste et de peupler le firmament de personnifications fantastiques et théâtrales. La raison, appuyée sur l'aphorisme si incontestable de Linné, suivant lequel tout s'enchaîne dans la nature, — *natura non facit saltus*, — nous permet bien de pressentir l'existence d'organismes supérieurs aux nôtres, intermédiaires entre l'homme et Dieu, comme elle nous en fait voir d'inférieurs à nous sur la terre ; mais là, ou peu s'en faut, doivent s'arrêter nos vues ambitieuses sur l'immense domaine de l'inconnu. Et, s'il nous est licite d'imaginer des dêvas ou des anges, de croire qu'il existe un nombre immense de degrés successifs sur l'échelle ascendante de la création extra-terrestre, nous nous lançons absolument sur le terrain du roman et de la fantaisie, dès que nous nous laissons aller à définir, parfois même à dépeindre, des êtres sur lesquels les données positives nous font défaut de la façon la plus absolue. L'esprit du peuple, il est vrai, se contente rarement d'une prudente réserve en pareille matière, et les fondateurs de religions ont des motifs pour ne pas considérer le sentiment des masses comme une quantité négligeable. C'est parce que le Taoïsme primitif n'a pas assez compté avec lui, qu'il n'a pu se transmettre d'âge en âge, après la mort de son grand instituteur, et qu'il a fallu bientôt après ouvrir très large la porte aux personnifications merveilleuses et imaginaires dont les taoïstes modernes ont tiré de si beaux bénéfices en spéculant sur la crédulité des masses.

S'il est vrai que la pensée du Taoïsme primitif ait su éviter l'écueil d'une déification anthropomorphique et d'une mythologie compliquée pour lui servir de cadre, il y a quelques motifs, — insuffisants je l'avoue, mais non sans valeur, — de croire que, dans ses manifestations originelles, elle chercha, elle aussi, à se construire un édifice cosmogonique. Le Révérend J. Edkins, qui trouve des traces d'une cosmogonie dans le livre de Lao-tse, la considère comme celle des premiers Chinois. Il en signale la présence rudimentaire dans le 42⁰ chapitre du *Tao-teh King*, où il aperçoit la naissance du monde décrite suivant le principe de l'évolution [1]. C'est peut-être y voir beaucoup ; car ce chapitre, dont l'exégèse a passionné outre mesure plus d'un orientaliste [2], ne renferme guère que la déclaration suivant laquelle « le Tao a produit *un* ; un a produit *deux* ; deux a produit *trois*, et trois a donné naissance à tous les êtres [3] ». Il est vrai que cette déclaration est devenue plus compréhensive par le sens que lui ont attribuée les commentateurs indigènes. Suivant l'un d'eux, le Maître a voulu dire que l'unité primordiale se divisa en deux principes : le principe mâle ou *yang*, et le principe femelle ou *yin* ; puis que de ces deux principes une fois réunis, il résulta « l'Harmonie » représentée par le nombre trois [4].

Il est encore bien difficile d'établir dans quelle mesure il est possible de rattacher ces traces à peine visibles de la cosmogonie taoïste au système de *Taï-kih* qui nous présente, à l'aurore de la civilisation chinoise, une hypothèse sur la création du monde. Le *Taï-kih* est tout

---

1. J. Edkins, dans la *China Review*, 1884-85, p. 15.
2. Notamment Abel-Rémusat et plusieurs missionnaires en Chine.
3. *Tao-teh King*, livr. XLII.
4. Sieh-hoeï, cité par Julien (*Le Livre de la Voie et de la Vertu*, p. 159).

à la fois le *primum mobile* et le principe immatériel suprême, suivant Tchou-hi et plusieurs autres philosophes. Il a été parfois identifié au *Chang-ti,* désignant alors un Ciel animé duquel émanent deux puissances appelées *leang-i,* lesquelles ont produit tous les êtres. C'est la *Li,* c'est-à-dire le Destin, qui agit suivant des lois déterminées, mais qui diffère du *Wou-kih* ou Kih négatif, lequel est répandu dans tout l'univers et se rapproche du concept d'une âme universelle [1].

Je crains fort que l'interprétation de ce système cosmogonique, et en particulier du passage où Lao-tse s'attache à montrer la dérivation binaire et trinaire du Tao ou unité primordiale [2] soit toujours trop nébuleuse pour qu'on puisse s'en préoccuper en philosophie. Je conserve également des doutes sur la valeur que peuvent avoir les rapprochements qu'on a faits à propos de ce passage avec diverses anciennes théories métaphysiques de l'ancien monde européen [3], théories d'ailleurs auxquelles on ne s'intéresse plus guère de nos jours. Que le *Taï-kih* ait été une seule et même chose avec le *Tao* de Lao-tse, qu'on puisse l'identifier au *Chang-ti* des livres canoniques ou au *Pan-kou* [4] des âges plus récents, cela me semble d'une médiocre importance, du moment où ces rapprochements ne servent point à nous donner une notion claire et précise de ce que

---

1. Wells Williams, *A Syllabic Dictionary*, 1874, au mot *Kih*.
2. *Tao-teh King,* ch. XLII.
3. Notamment avec le dogme de la trinité et avec les théories de Pythagore.
4. Voy. plus haut, ch. I, p. 11. — Le Rév. J. Edkins pense que Pan-kou pourrait bien avoir été un personnage babylonien (dans la *China Review,* 1884-85, p. 15 ; voy. aussi Wells Williams, *Middle Kingdom,* t. II, pp. 197-198).

pouvait être la loi primordiale de la nature dans l'esprit des anciens Chinois [1].

C'est, il faut le reconnaître, en s'appesantissant au delà de toute mesure sur de tels raisonnements, en se payant de mots et en épiloguant sans cesse sur leur signification mal déterminée, que l'esprit asiatique, d'ailleurs si inventif, en est arrivé à rétrécir de la façon la plus fâcheuse le champ de ses recherches et à piétiner sur place, sans s'apercevoir qu'il s'emprisonnait dans les cloisons étroites d'une inextricable logomachie. Sous l'empire de cette logomachie, le Taoïsme en Chine devait s'atrophier dans ses langes, et le Confucéisme qui en a fait également usage se momifier sous les haillons de la décrépitude. Le Bouddhisme seul, avec son vaste système de concepts puissants et toujours logiques, pouvait introduire dans les pays habités par la race Jaune un élément vigoureux de réforme philosophique et religieuse : il y a réussi dans une certaine mesure, mais il s'est amoindri maintes fois par les concessions qu'il a faites aux croyances routinières enracinées dans le cœur du peuple aux Cheveux-Noirs, bien avant l'époque de sa prédication.

Le Bouddhisme avait d'ailleurs sur le Taoïsme l'immense avantage d'offrir à ses adeptes une solution du problème de la Destinée, tandis que c'est à peine si l'on peut apercevoir dans le *Tao-teh King* l'indice d'un effort quelconque, non pas pour le résoudre,

---

[1]. Le philosophe taoïste Tchouang-tse dit qu'à l'origine des temps sans commencement (?) il existait le Néant ou le Non-Être, c'est-à-dire le Vide. (Voy., sur ces subtilités, M. Fr. Balfour, *The divine classic of Nan-hua*, 1881, p. 20 et pass.).

mais pour le poser d'une façon au moins vraisemblable. On ne rencontre pas, dans ce livre, la trace manifeste d'une récompense promise après la vie aux hommes qui auront pratiqué leur devoir en ce monde ; on n'y énonce pas même d'une manière intelligible l'éventualité de la confusion des êtres dans le Grand-Tout, confusion qui a suffi pour satisfaire les sectateurs de certaines écoles du panthéisme asiatique.

Lao-tse ne se plaçait pas sur le terrain du positivisme exclusivement terrestre qui avait été choisi par le philosophe de Lou, son habile rival, mais il ne laissait guère concevoir plus que celui-ci des espérances d'outre-tombe. Les instructions de Confucius, dit un auteur chinois [1], n'ont trait qu'à une seule vie et ne vont pas jusqu'à parler d'une condition future d'existence. Le salaire de la vertu ne dépasse pas la somme d'honneur qu'on peut acquérir en ce monde, et la punition des fautes n'entraîne rien de plus, comme conséquence ultérieure au châtiment, que l'obscurité et la pauvreté du coupable et de sa famille. Suivant un disciple de l'École des Lettrés, le fait d'accomplir le bien par l'espoir du Ciel ne peut supporter la comparaison avec le fait d'accomplir le bien par amour du bien lui-même ; éviter le mal par crainte de l'Enfer n'est pas comparable à la pratique de la vertu par simple sentiment du devoir ; un don, fait pour obtenir un don centuple en échange, ne peut avoir pour mobile la sincérité intérieure.

Faute d'avoir suffisamment pressenti la continuité de

---

1. Dans la section biographique des *Annales des Soung* (citat. du Rév. J. Edkins, *Notices of Buddhism in China*, f. 13).

l'âme, dont Lao-tse semble avoir eu cependant une vague intuition[1], les prétendus continuateurs de ce maître dûrent nécessairement tomber très vite dans les aberrations qui caractérisent le Taosséisme moderne : ils n'ont pas eu conscience de l'immortalité de l'âme, mais ils ont eu foi dans un moyen d'obtenir l'immortalité du corps[2]. Le terrible fondateur de la courte dynastie des Tsin se laissa entraîner dans de telles folies ; et l'histoire rapporte que, pour chercher le breuvage de l'immortalité, il envoya dans les îles de l'Asie Orientale une troupe de mille jeunes garçons et de mille jeunes filles qui quittèrent la Chine pour se conformer à ses ordres, mais qui ne revinrent plus jamais dans l'empire Chinois.

Si Lao-tse ne professe pas le dogme de la perpétuité des êtres, il enseigne du moins l'existence de deux âmes distinctes, à l'instar de plusieurs écoles bouddhistes : une âme spirituelle et une âme sensitive ou matérielle. Cette théorie est probablement beaucoup plus ancienne en Chine que le siècle où vécut ce philosophe ; mais elle n'a été énoncée nulle part d'une façon assez explicite pour qu'on puisse voir, dans la première âme, qui doit commander à l'autre[3], une force intellectuelle, continue et persistante après la mort. Le passage du *Tao-teh King*, où il est fait mention de ces deux âmes, est fort obscur et fortifie l'hypothèse qu'il n'est pas

---

1. Voy. notamment, dans le *Tao-teh King*, les ch. x et xxxiii.
2. Cette observation ne s'applique pas aux successeurs immédiats de Lao-tse, mais aux taosséistes qui ont subi l'influence des théories religieuses encouragées par le gouvernement chinois à l'époque de la dynastie des Tsin. Le sentiment de l'immortalité de l'âme est manifeste notamment dans les écrits de Tchouang-tse et de Lieh-tse.
3. *Tao-teh King*, ch. x.

parvenu jusqu'à nous sans altération. La plupart des exégètes indigènes, très embarrassés de voir dans ce passage un signe qui signifie d'habitude « un camp » pour exprimer « l'âme spirituelle », ont remplacé ce signe par un caractère employé communément dans le sens d'âme ou de partie de l'âme non soumise aux influences de la sensation, de la forme et de la matière[1].

Les deux âmes différentes dont les anciens Chinois admettaient l'existence chez l'homme, s'appelaient l'une *hoën* et l'autre *peh*. La distinction paraît se rattacher au système dualiste qui caractérise une des périodes les plus anciennes de leur évolution philosophique. Elle a été maintenue d'âge en âge, par ce respect traditionnel qui a toujours porté les peuples de race Jaune à contempler avec un religieux enthousiasme l'édifice vermoulu du passé de préférence aux constructions idéales de l'avenir. Malgré de longs siècles d'existence et d'innombrables travailleurs sur le chantier des choses de l'esprit, la question posée dans les livres qui reflètent les idées des temps préhistoriques n'a jamais fait un pas en avant. C'était d'ailleurs la destinée fatale d'un peuple sans cesse enclin à regarder en arrière et qui a peine à comprendre un progrès dont ses ancêtres n'auraient pas eu la complète possession.

La théorie du *hoën* et du *peh*, c'est-à-dire de ce que les orientalistes expliquent d'ordinaire par « âme spirituelle » et par « âme sensitive »[2], n'a jamais cessé d'être

---

1. En chinois : *hoën*.
2. Suivant Wells-Williams, le *hoën* est la partie spirituelle de l'âme et le *peh* la partie nerveuse, distincte de la faculté rationnelle ; mais

ambigüe dans l'esprit des Chinois qui l'ont retournée en tous sens pour n'y rien découvrir d'utile au progrès de la science psychologique. On peut même dire, je crois, sans trop s'avancer, que la plus profonde incertitude n'a pas cessé de régner, dans l'esprit des écrivains indigènes, sur le véritable caractère qu'il convenait d'attribuer à ces deux âmes et sur l'usage qu'on pouvait faire de leur distinction pour éclairer d'un jour quelconque le problème de la vie et de la destinée humaines.

Si l'on recourt aux meilleurs dictionnaires chinois pour obtenir une définition de ces deux termes, on trouve que l'essence ou exhalaison du Ciel s'appelle *hoën*, tandis que celle de la Terre s'appelle *peh*[1]. Le hoën et le peh désignent le principe spirituel et le principe matériel qui coexistent dans l'individu. L'esprit, dépendant du principe mâle (*yang*), se meut et constitue le *hoën*; la matière, dépendant du principe femelle (*yin*), reste dans le repos et forme le *peh*. Lorsque la mort arrive, le hoën monte au ciel et le peh descend dans la terre[2].

De la sorte, le *hoën* est l'ombre ou les mânes, la partie spirituelle du fantôme, l'esprit subtil de l'homme, le principe évolutif des êtres en voie de retour vers leur source[3] : c'est le principe corporel et en même temps l'essence céleste, l'âme qui va et

la valeur donnée à ces deux mots par le savant sinologue américain est loin d'être constante dans les écrits des philosophes chinois.
1. Hoaï-nan tse, cité dans le *Peï-wen-yun-fou*, livr. XIII, p. 112. — Voy. plus loin un extrait des œuvres de ce philosophe dont il n'a encore été publié aucune traduction européenne.
2. Voy. le dictionnaire *Pin-tse-tsien*, au mot *hoën* (p. 378).
3. *Peh-hou-toung, Tsing-sing*.

vient, sort et entre[1], pour retourner finalement au Ciel[2].

Quant au *peh*, il représente « la forme » ; de sorte que l'âme d'un mort s'appelle *hoën* et sa forme *peh* ; c'est l'esprit terrestre, le corps subtil de tous les êtres, alors qu'il n'a pas encore subi de transformation ; c'est la puissance perceptive des organes matériels, tels que les yeux et les oreilles. Cette puissance perceptive des sens quitte avec la vie le *hoën* auquel elle était associée, pour finalement retourner en terre et devenir un fantôme[3].

Lao-tse était bercé par ces idées, à tous égards vagues et insuffisantes, qui avaient été celles de la haute antiquité chinoise ; et, malgré de faibles efforts pour en sortir, on voit qu'il lui manquait une base suffisante pour dresser l'échafaudage à son époque absolument hypothétique des conditions nécessaires de l'âme humaine. Dans quelques rares passages du *Tao-teh King*, il semble néanmoins avoir acquis la vague intuition d'une puissance directrice dans l'organisme, absolument spirituelle et douée d'une puissance active et continue même après la mort[4].

En tout cas, la fonction de l'âme, dans ses rapports avec la destinée de l'homme, n'y est précisée nulle part, et c'est à peine si l'on peut greffer une idée

---

1. *Taï-youen-youen-sou*.
2. *Tcheou-li* (Rituel des Tcheou), ch. *Ta-tsoung-pih*. — Ce qui fait différer le *peh* (l'âme animale, suivant Medhurst) du *hoën*, c'est que le *peh* est la chose (*wouh*), c'est-à-dire la matière, tandis que le *hoën* est l'esprit (*chin*). Voy. le commentaire de Sou Tse-yeou, pour le chap. x (*Lao-tse yih*, livr. I, p. 15 ; cf. ch. xiv).
3. *King-tsieh-tsouan-kou*, au mot *hoën*.
4. *Tao-teh King*, ch. I et xxxiii.

philosophique sur sa théorie du retour des êtres à la source dont ils sont sortis, comme il est facile de le faire sur l'idée brahmanique analogue mentionnée dans le *Védanta* [1]. D'après Lao-tse, « tous les êtres ont été créés simultanément, puis ils retournent à leur source première [2] : leur retour constitue pour le Tao la faculté-du-mouvement [3]. Ailleurs, le même philosophe s'exprime à cet égard dans des termes qui ont été expliqués par Julien de la manière suivante : « Tous les êtres retournent au Tao, comme les rivières et les ruisseaux des montagnes retournent aux fleuves et aux mers [4] ». Cette image, suivant laquelle les rivières tireraient leur source de l'Océan, est au moins singulière ; elle a en outre le défaut d'interpréter le texte original au lieu de le traduire. Le texte signifie : « L'existence du Tao, dans ce monde, est comme les rivières et les vallées par rapport aux fleuves et aux mers ».

Il y a quelques autres passages, dans le *Tao-teh King* [5], qui se rattachent évidemment à la pensée du retour des êtres dans le *Pantos* ; mais ils sont si vagues et si obscurs, qu'il est bien difficile d'en tirer partie sans abuser des ressources de l'exégèse et de l'ésotérisme. Et cela d'autant plus que la suprême perfection et la fin des êtres consiste,

---

1. Voy. notamment Colebrooke, p. 330, cité par Cousin, *Histoire générale de la philosophie*, p. 69.
2. *Tao-teh King*, ch. XVI.
3. *Tao-teh King*, ch. XL. — Il y a peut-être, dans ce passage, l'embryon d'une idée dont la portée pourrait être considérable ; mais j'hésite à m'y arrêter, parce que le texte n'est pas suffisamment explicite.
4. *Le Livre de la Voie et de la Vertu*, p. 121.
5. Notamment ch. XXVIII et LII.

dans la théorie de Lao-tse, à revenir à l'état de nature[1], c'est-à-dire à la période primitive de l'instinct dégagé de tout raisonnement, de tout travail réfléchi et consciential[2].

A l'instar des bouddhistes asiatiques, et suivant une habitude très répandue dans le monde oriental, Lao-tse fait usage des nombres sous une forme sacramentelle dans l'exposé de ses théories, notamment dans un passage qui a fort embarrassé les commentateurs indigènes et dont le fond se rattache à l'une des idées fondamentales de sa philosophie. Il s'agit de l'endroit où il dit que « la *sortie* (fait apparaître) la vie, (de même que) l'*entrée* est le signal du retour dans le Non-Être ». Les assesseurs (litt. « les compagnons » de la vie sont au nombre de 13, et les assesseurs de la mort également au nombre de 13[3]. » Ce passage a été rendu de plusieurs façons par les interprètes anciens qui généralement y ont vu l'assurance que lorsqu'on était mort on n'était plus en vie[4]! Malgré la forme un peu guindée de l'interprétation que j'ai admise, je la crois plus exacte et plus en rapport avec la donnée

---

1. « Tous les êtres retournent à leur principe naturel. C'est, par exemple, comme les fleurs et les feuilles qui proviennent des racines de la plante et retournent vers ces racines. (Comm. bouddh. de Soutse, ch. XVI).
2. Cf. le commentaire de Sieh-hoeï, dans l'extrait qu'en donne Julien. (*Libr. cit.*, p. 7).
3. *Tao-teh King*, ch. L.
4. « L'homme sort de la vie pour entrer dans la mort » (Julien, *Le Livre de la Voie et de la Vertu*, p. 183); Men go out of life and into death » (Mayers, *The speculations of the Old-Philosopher*, p. 38); « Alles, was ins irdische Leben eintritt, geht durch den Tod wieder aus demselben heraus » (Von Plaenckner, *Der Weg zur Tugend*, p. 240); « Ausgehn zum Leben ist Eingehn zum Sterben » (Von Strauss, *Tao-teh King*, p. 222).

taoïste. Le philosophe Tchouang-tse, entr'autres, paraît avoir compris comme je l'ai fait la pensée du *Tao-teh King* quand il dit que tous les êtres, par leur sortie du Tao, arrivent à l'existence et, par leur rentrée dans ce même Tao, arrivent à la mort. « La vie, dit Liu Kieh-fou [1] est l'assesseur (le suivant) de la mort ; la mort est le principe de la vie. De la sorte, la vie et la mort se produisent mutuellement par voie de sortie et par voie d'entrée [2] ». Quand aux 13 assesseurs de la vie et aux 13 assesseurs de la mort, il est très difficile de les indiquer, par suite de la multiplicité de sens qui s'attachent aux mots chinois employés par les commentateurs pour les désigner. Julien, qui a jugé possible de traduire leurs noms, mentionne parmi les treize causes de la vie, c'est-à-dire parmi les treize moyens d'arriver à la vie, la pauvreté, la molesse, la faiblesse. J'avoue ne pas bien comprendre et je crois qu'il n'est possible d'attacher un sens raisonnable à de telles interprétations que si l'on se décide à faire des efforts imprudents pour attribuer bon gré malgré une signification à des mots qui n'en présentent pas naturellement à l'esprit. Agir de la sorte est un danger en face duquel se trouve à chaque instant le sinologue qui essaie de traduire le livre de Lao-tse. Là où les moyens font défaut pour assurer aux tentatives d'exégèse quelques garanties d'exactitude, il me paraît préférable de ne point y recourir.

La divergence d'opinion entre les savants, au sujet des

---

1. Commentateur de Lao-tse dont l'œuvre fut composée en 1078 de notre ère.
2. *Lao-tse yih*, livr. II, p. 20.

rapports du Taoïsme et du Bouddhisme, provient évidemment de l'incertitude qui règne sur la valeur de certains passages du livre de Lao-tse, et de la facilité avec laquelle une même phrase de ce livre est souvent traduisible de plusieurs façons. Il me semble donc qu'on ne saurait montrer trop de réserve lorsqu'il s'agit de se prononcer sur les affinités réelles ou apparentes des deux philosophies.

Ce n'est guère que dans les endroits où Lao-tse recommande l'indifférence aux choses de ce monde et la répression des désirs comme le souverain bien qu'on peut à la rigueur découvrir, dans le Taoïsme primitif, les vestiges d'un système aboutissant à quelque chose de plus ou moins analogue au Nirvâna bouddhique. En tout cas, le Nirvâna des taoïstes est exclusivement terrestre et ne dépasse pas la limite de notre existence en ce monde. Là encore, on dirait que l'esprit chinois ne peut se résoudre à franchir les bornes de l'étroite arène où nous nous débattons ici-bas, et qu'il ne voit dans l'enseignement moral rien de plus qu'une sorte de codification pratique de la vie au jour le jour.

Il semble cependant que Lao-tse a possédé une vague aperception de l'idée fondamentale sur laquelle repose l'enseignement bouddhique à l'égard des moyens d'arriver à la Connaissance, c'est-à-dire à la compréhension des phénomènes de l'ordre immatériel. D'après la doctrine attribuée au bouddha Çâkya-mouni, il est des lumières d'une portée immense que l'être en ce monde peut acquérir, mais seulement à la condition de savoir d'abord réformer son cœur, éteindre le feu des désirs et dégager son esprit des influences de « la forme », pour ne plus vivre que de la vie de l'âme. Lao-tse, au début de son ouvrage, dit à son tour : « Lorsqu'on est exempt de passions, on voit l'essence parfaite du Tao, tandis qu'on n'en aperçoit que la manifestation matérielle (c'est-à-dire la forme bornée) lorsqu'on est sous l'empire des passions [1] ». Malheureusement le sens de cette maxime est des plus équivoques ; et, suivant la manière dont on sépare les éléments de la phrase (qui n'est pas ponctuée dans le texte original), on arrive à lui donner des significations différentes. Les interprètes européens n'ont pas été plus d'accord pour l'expliquer que les commentateurs chinois ; la majeure partie d'entre eux paraît néanmoins avoir adopté de préférence l'interprétation que j'ai choisie [2]. Toutefois, c'est en comprenant ainsi l'aphorisme de Lao-tse qu'on peut voir autre chose qu'un paradoxe assez vulgaire dans le dernier chapitre où il est dit que « celui qui possède la Connaissance n'est pas un savant » et que « celui qui est savant ne la possède pas [3] ».

En résumé, le texte du *Tao-teh King* ne nous présente à aucun titre l'exposé tant soit peu méthodique d'un système de philosophie : c'est un recueil de sentences et rien de plus. Il n'y a pas lieu de s'en étonner, puisque

---

1. *Tao-teh King*, ch. I.
2. M. von Plaenckner, dont la traduction est très paraphrasée, mais qui a parfois compris le *Tao-teh King* d'une façon plus vraisemblable et plus philosophique que ses devanciers, a choisi à peu près le sens que je considère comme le plus conforme à l'ensemble de la doctrine : « Nur der, welcher ganz von Leidenschaften frei ist, wird, im Stande sein, das hœchste geistige Wesen zu erfassen ; der dagegen dessen Seele bestændig von Leidenschaften getrübt wird, sieh *nur* das endliche, — die Schopfung ». (*Der Weg zur Tugend*, p. 17).
3. *Tao-teh King*, ch. LXXXI.

les penseurs de la haute antiquité n'ont pour la plupart jamais agi autrement ; mais l'absence de toute espèce d'ordre dans l'œuvre de Lao-tse y est plus regrettable que partout ailleurs, parce que son peu d'étendue, le manque de clarté du style et l'altération évidente du texte, rendront à jamais impossible un travail de recension dont le but serait de nous faire saisir d'une manière sûre et certaine la plus haute, sinon la plus vieille manifestation de la pensée taoïste.

VII

LA MORALE ET LA POLITIQUE
DU TAO-TEH KING.

Ainsi qu'on l'a vu par ce qui précède, la doctrine de Lao-tse consiste à rappeler l'homme à l'état de nature, c'est-à-dire à la condition dans laquelle il se trouvait à l'origine, alors que le besoin de jouissances et les autres égarements de la civilisation matérielle n'avaient pas encore développé en lui les vices de l'envie et de l'astuce. Le souverain bien, suivant cette doctrine, consiste à demeurer dans le calme de l'âme. Pour obtenir le calme de l'âme, il faut se dégager des influences pernicieuses du monde ambiant, éteindre en soi le feu des désirs, et pousser jusqu'à ses dernières limites le sentiment de l'indifférence [1].

L'idée d'attribuer à l'homme primitif une perfection qui aurait été sans cesse en s'amoindrissant avec le cours des âges, ne se rencontre pas seulement dans le Taoïsme. Elle est logique d'ailleurs dans tous les enseignements religieux qui font sortir le premier

---

[1]. Comme l'a fort bien dit M. Chantepie de la Saussaye, la morale négative de Lao-tse repose principalement sur le principe que la suprême vertu consiste à ne rien faire (*Lehrbuch der Religionsgechichte*, t. I, p. 254.

couple des mains du Créateur et qui présupposent son apparition sur la terre à l'état parfait. On la trouve formulée en termes plus ou moins explicites dans la plupart des canons religieux, et il n'est pas impossible de la mettre d'accord avec les exigences de la philosophie. Seulement une pareille idée a besoin d'un commentaire, et elle est à peu près sans valeur si elle n'est pas assise sur un système général des lois de la vie. On pourrait même soutenir qu'énoncée sans correctif, elle amène inévitablement à des conclusions aussi fausses que malencontreuses. Son moindre inconvénient est de nier le progrès, et partant la logique de la création ; son vice capital est de plonger l'être actif et intelligent dans le dégoût de la recherche, ou, en d'autres termes de le détourner de la voie qui doit le conduire, comme disent les bouddhistes, à l'obtention de la « Connaissance ».

Le correctif serait pour le moins de faire voir que la perfection attribuée à l'homme inculte des époques primordiales a été exclusivement instinctive, tandis que chez l'homme cultivé elle est devenue libre et réfléchie. Mais il faudrait pour cela avoir tout d'abord formulé une théorie de l'instinct et de la conscience, dont il ne semble guère possible de découvrir des traces dans l'œuvre du fameux instituteur taoïste.

Loin de là, le Vieux-Philosophe voit un défaut dans l'intervention du travail de la pensée, alors même que ce travail s'opère en vue de pratiquer le bien. La seule vertu, à ses yeux, est celle qui se produit sans qu'on y ait songé, sans qu'on possède aucun sentiment de sa valeur et de ses conséquences : « Les hommes d'une haute vertu, dit-il, ignorent leur vertu, et c'est ainsi qu'ils ont de la vertu ; les hommes d'une vertu basse n'oublient pas leur vertu, et c'est ainsi qu'ils n'ont pas de vertu [1] ». La plupart des commentateurs pensent qu'il est fait allusion aux hommes qui ne pratiquent le bien que dans l'espérance des avantages qu'ils peuvent en retirer ; mais ici encore, le texte original est si obscur [2] qu'on hésite à en préciser la signification.

Faute d'avoir donné à ses prémisses le développement nécessaire, la doctrine de Lao-tse, malgré les étonnants concepts qu'on y découvre, ne pouvait aboutir à des résultats pratiques : elle devait s'atrophier à son point de départ, et bientôt, corrompue, ne laisser aux générations futures qu'une source insalubre pour abreuver la curiosité des masses.

Toute chose, tout sentiment, toute idée, suivant le *Tao-teh King*, n'existe que par le fait de son antinomie. C'est lorsque la notion du Bien a été imaginée dans le monde que le Mal est apparu. L'homme primitif ne connaissait pas le Vice, parce qu'on ne lui avait pas encore inculqué la notion de la Vertu [3]. Le Bonheur résulte du Malheur ; le malheur est caché au sein du bonheur [4]. Tout, dans l'univers, est né de l'Être ; l'Être est né du Non-Être [5].

Lao-tse professe la doctrine que le véritable criterium

---

1. *Tao-teh King*, ch. XXXVIII.
2. Mot à mot le passage en question peut être ainsi rendu : « Haute vertu pas vertu ; c'est pourquoi avoir vertu. Basse vertu pas perdre vertu ; c'est pourquoi sans vertu. »
3. *Tao-teh King*, ch. II. — Hoaï-nan tse a dit : « Après que l'innocence eut été perdue, la miséricorde parut ». (*Mémoires*, t. I, p. 108).
4. *Tao-teh King*, ch. LVIII. — Voy. aussi ch. LXIII.
5. *Tao-teh King*, ch. XL ; voy. aussi ch. II.

de la certitude est le criterium intime, et que l'observation et l'expérience doivent sans cesse nous induire dans le doute [1]. « Le sage, dit-il, s'appuie sur son for intérieur et non point sur les déclarations de ses yeux [2]. Cette pensée, dans le *Tao-teh King* manque d'ailleurs, comme les autres, des développements désirables ; mais elle n'en est pas moins caractéristique de la voie si neuve dans laquelle le Vieux-Philosophe n'avait pas hésité à s'engager, malgré les circonstances défavorables du milieu où il vivait pour l'énonciation de ses théories. Il enseigne en outre que la sagesse consiste à se connaître soi-même [3] ; mais le γνῶθι σεαυτὸν qu'il recommande n'est pas suffisamment expliqué dans son livre ; et cette connaissance, bien autrement difficile à acquérir qu'on est porté à le croire, n'aboutit guère à grand'chose, si elle n'est pas fondée sur une notion quelque peu complète des phénomènes qui président à l'éclosion de l'être moral, à l'intelligence du concept qui permet de juger du bien et du mal, et à celle des lois qui régissent le développement progressif de la conscience. Le *Tao-teh King*, se borne à ajouter que celui qui sait vaincre ses penchants est fort, de même que celui qui sait se suffire est riche [4].

La suprême indifférence que préconise le Taoïsme rapproche évidemment cette doctrine de celle du Bouddhisme. Néanmoins, le point de contact saillant entre ces deux philosophies se manifeste surtout

---

1. Voy. à ce sujet la théorie adoptée par Claude Bernard, à la suite d'une discussion que j'ai engagée avec cet illustre physiologiste, (dans Schœbel, *L'âme humaine*, 2ᵉ édition, Paris, 1879, p. 22.)
2. *Tao-teh King*, ch. XII.
3. *Tao-teh King*, ch. XXXIII et LXXII.
4. *Tao-teh King*, loc. cit.

dans cette pensée commune que la vie est un mal et que les désirs, sans cesse renouvelés, jamais assouvis, sont les plus funestes des fléaux. « En fait de crimes, dit Lao-tse, il n'y en a pas de plus grand que d'être capable de désirs ; en fait de malheur, il n'y en a pas de plus horrible que de ne pas savoir se suffire ; en fait de calamités, il n'y en a pas de plus affreuses que le besoin d'acquérir [1] ». C'est par l'absence de tout désir, qu'on obtient la quiétude [2]. Aussi le sage n'a-t-il d'autre ambition que de ne rien ambitionner [3].

Le Taoïsme est également du même avis que le Bouddhisme lorsqu'il soutient que la cause de nos malheurs vient de ce que nous avons un corps [4] ; mais il ne se demande pas pourquoi nous avons un corps, et quelle peut être la raison qui explique et justifie le fait de notre organisme matériel. Les conséquences de ce mépris du corps deviennent excessives dans la pratique et elles sont évidemment fausses, si l'on admet une logique dans l'univers où la matière joue un rôle si considérable. Du moment où la possession d'une charpente corporelle est un malheur pour les êtres, nous n'avons qu'à y renoncer : le suicide n'est que trop facile et nous trouvons sous nos pas une foule de moyens de l'accomplir. Ensuite la propagation de l'espèce est non seulement une faute, mais un crime ; et

---

1. *Tao-teh King*, ch. XLVI. — « Celui qui ne sait pas se suffire, quand bien même il aurait de la superfluité, il ne s'y arrêterait pas ». Une situation égale produit le bonheur ; la possession du superflu fait le malheur. C'est pourquoi il est dit qu'en fait de malheur, il n'y en a pas de plus grand que de ne pas savoir se suffire. (Comment. de Liu Kih-fou, dans le *Lao-tse yih*, livr. II, p. 16).
2. *Tao-teh King*, ch. XXXVII.
3. *Tao-teh King*, ch. LXIV.
4. *Tao-teh King*, ch. XIII.

le devoir le plus élémentaire nous impose de ne pas augmenter le nombre des malheureux. Le passage où Lao-tse dit que « prolonger sa vie est une infortune [1] », a embarrassé il est vrai quelque peu les commentateurs chinois. La théorie opposée du *yang-seng*, qui invite à veiller à la conservation de la santé, était trop inhérente au caractère de leur nation pour qu'ils soient parvenus complètement à s'en départir. Teh-tsing, par exemple, explique ainsi ce passage : « Si l'homme donne satisfaction à ses appétits dans le but de prolonger son existence, il s'attire infailliblement des malheurs et encourt une mort prématurée [2]. » Mais cette manière de comprendre l'idée taoïste, la rapetisse sans lui donner une portée philosophique sérieuse.

Lao-tse montre plus de puissance de conception, lorsqu'au VIe siècle avant notre ère, dans le milieu où devait se répandre avec un si prodigieux succès la morale confucéiste, il énonce la pensée que, pour atteindre à l'état de calme et obtenir les avantages du Tao, il faut savoir se dégager des influences de la forme : « Les cinq couleurs, dit-il, rendent l'homme aveugle ; les cinq sons le rendent sourd ; les cinq saveurs lui perdent le goût. Le sage se préoccupe de son organisation intime et non pas de ce qui frappe ses yeux. [3] ».

---

1. *Tao-teh King*, ch. LV.
2. *Tao-teh King*, ch. LV ; Julien, *le Livre de la Voie et de la Vertu*, p. 204. — Le désir trop intense de prolonger sa vie, est pour l'homme une cause de malheur qui l'entraîne rapidement au trépas (ch. L ; voy. aussi ch. LXXV).
3. *Tao-teh King*, ch. XII. — L'idée de Lao-tse, dans ce passage, ne laisse subsister aucun doute, et il me paraît bien inutile de la paraphraser comme l'a fait M. von Plaenckner (*Der Weg zur Tugend*, p. 49). La version de Julien était bien suffisante (*le Livre de la Voie et de la Vertu*, p. 40) ; celle de M. Victor von Straus *Lao-tsè's Tao tè King*, p. 53) serre de plus près le texte original, mais elle serait insuffisante sans les explications qu'il y a ajoutées.

En faisant de l'indifférence la qualité la plus essentielle du saint homme, Lao-tse devait nécessairement reléguer l'amour sur un second plan, et même dans une certaine mesure en condamner la manifestation. C'est là ce qui creuse, entre sa doctrine et celle du bouddha Çâkya-mouni, un abîme infranchissable. « Je suis calme, dit le Vieux-Philosophe ; chez moi les affections n'ont pas encore germé : Je ressemble à un nouveau-né qui n'a pas encore souri à sa mère [1] ». Et ailleurs, il complète sa pensée, suivant la forme qui lui est chère, en écrivant : « Lorsque la bonne harmonie cessa de régner dans la famille, la piété filiale et l'amour paternel parurent au grand jour ; quand les états tombèrent dans le désordre, on vit se manifester chez les fonctionnaires publics la fidélité et le devoir [2] ».

Ce serait cependant aller bien loin que de reprocher au Taoïsme de n'avoir pas entrevu la grande notion de la charité [3] qui devait ouvrir de si larges voies au monde par l'organe du Bouddhisme, et six siècles plus tard le régénérer par la parole de Jésus. Le livre de Lao-tse est trop court, trop incomplet, trop dépourvu de plan, — je ne saurais assez le dire, — pour qu'on puisse dégager la pensée vraie de son auteur des formules en apparence contradictoires ou paradoxales qu'il renferme d'un bout à l'autre. L'idée de faire le

---

1. *Tao-teh King*, ch. xx.
2. *Tao-teh King*, ch. xviii.
3. Voy. notamment *Tao-teh King*, ch. lxvii. — M. Albert Réville n'hésite pas à dire que « l'amour pratique de l'humanité manque à Lao-tse », et cependant il reconnaît que ce philosophe s'est élevé « à une hauteur morale qui fut ignorée de Confucius » (*La Religion chinoise*, pp. 401 et 409).

bien sans espoir de rémunération y est transparente dans un passage malheureusement fort obscur et que les orientalistes européens, comme les éxégètes chinois, n'ont pas tous compris de la même façon : « Faire du bien aux êtres et n'attendre aucun salaire, telle est la profonde vertu [1] ». Cet aphorisme est une déduction directe du système d'indifférence préconisé par Laotse : « L'homme qui connaît (le Tao) est inaccessible à la faveur comme à la disgrâce, au profit comme au détriment, à l'honneur comme à l'ignominie [2] ».

La théorie suivant laquelle il faut faire le bien par pur amour du bien, et sans y être convié par la promesse d'une rénumération, procède d'un sentiment généreux : mais il reste parfois des doutes sur la sincérité complète de ceux qui la professent. On a dit souvent que la vertu mercenaire entachait presque toutes les religions, et que le christianisme lui-même n'avait pas su s'en départir. De nos jours, une telle manière de voir est préconisée par beaucoup de bons esprits, mais ce serait un tort de soutenir qu'elle résulte exclusivement du travail des idées modernes.

L'historien Joinville nous raconte, par exemple, une anecdote qui remonte à l'époque où Saint-Louis était à

---

1. *Tao-teh King*, ch. x. — M. de Harlez a donné une explication très plausible du motif qui a porté les Chinois à ne pas admettre le dogme de la rétribution après la vie. « Tout le système de la morale et même de la politique chinoise a pour base le respect filial. Renverser ce principe, ce serait pour les Chinois, détruire l'état, la société, la famille. Or, que deviendrait la Piété filiale si des enfants pouvaient regarder leurs parents comme de malheureux criminels condamnés à des supplices d'outre-tombe pour leurs méfaits ? » (*Le Livre du Principe lumineux*, dans les *Mémoires de l'Académie Royale de Belgique*, 1885, t. XXXVII, et extrait p. 7).

2. *Tao-teh King*, ch. LVI.

Saint-Jean d'Acre : « Un frère de l'ordre des frères Prêcheurs, nommé frère Yves Le Breton, qui remplissait les fonctions d'interprète parce qu'il savait le sarrasinois, un jour qu'il allait à l'hôtel du Soudan, vit une vieille femme qui traversait la rue, portant à la main droite une écuelle pleine de feu et à la gauche une jarre (phiole) pleine d'eau.

« Frère Yves, dit Joinville, li demanda : « Que « veux-tu de ce faire ? »

« Elle li respondi qu'elle vouloit dou feeu ardoir paradis, que jamais n'en fust point, et de l'yaue esteindre enfer, que jamais n'en fust point. »

« Et il li demanda : « Pourquoy veus-tu ce faire ? »

— « Pour ce que je ne vueil que nulz face jamais bien pour le guerredon (la récompense) de paradis avoir, ne pour la poour (peur) d'enfer ; mais proprement pour l'amour de Dieu avoir, qui tant vaut, et qui tout le bien nous puet faire [1] ».

J'ai cité cette anecdote parce qu'elle soulève une remarque qui ne me paraît pas sans importance dans les études de critique religieuse. L'idée d'accomplir le bien sans compter sur une rémunération *quelconque* est, à mes yeux, une idée fausse, une idée qui décèle une certaine somme d'hypocrisie, surtout si elle est présentée sans développement, comme nous la trouvons dans le livre de Lao-tse. Elle devient, au contraire, vraie et excellente, lorsqu'on l'énonce comme la vieille femme de Saint-Jean d'Acre ou mieux encore comme l'ont formulée plusieurs pères de l'église chrétienne. L'homme

---

1. Natalis de Wailly, *Histoire de Saint-Louis*, de Jean, sire de Joinville, chap. LXXXVII, (édit. Didot, 1874).

intelligent, quoiqu'on puisse dire, ne peut se dispenser lorsqu'il agit de poursuivre un but. Vouloir atteindre à un but, c'est vouloir une récompense. Le point important, c'est que le genre de récompense ambitionnée ne ravale pas l'être sensible à ses propres yeux. Il est des récompenses que les âmes fortes et honnêtes peuvent légitimement ambitionner. On doit pratiquer le bien en vue d'obtenir en salaire cette satisfaction à nulle autre comparable d'avoir obéi à la volonté de Dieu, ou, en d'autres termes, de s'être montré travailleur ardent et laborieux sur le grand chantier de la Nature universelle. Le Vieux-Philosophe a eu tort de prétendre qu'il ne fallait pas même désirer le Tao [1].

Un éloquent historien de la vie de Jésus a dit qu'une loi terrible, — la loi du talion, — avait pesé sur toute l'antiquité, et que Çâkya-mouni seul, avant Jésus, avait parlé de la mansuétude [2]. Il est juste d'ajouter que Lao-tse, lui aussi, a enseigné aux hommes à rendre le bien pour le mal, et à venger les injures par des bienfaits [3]. Les commentateurs du Vieux-Philosophe développent cette idée d'une façon qui en affaiblit peut-être la portée, en ce sens qu'ils montrent le sage aussi indifférent aux égards qu'au mépris, aux faveurs qu'aux mauvais traitements dont il est l'objet. Sentir l'injustice dont on est victime et la pardonner implique une

---

1. *Tao-teh-King*, ch. xxxvii. — Voy. aussi le commentaire de Sieh-hoeï, (cité par Julien (*Le Livre de la Voie et de la Vertu*, p. 136).
2. Le P. Didon, *Jésus-Christ*, t. I, p. 326.
3. *Tao-teh King*, ch. lxiii. — Confucius, au contraire, condamnait cette théorie ; et, à la doctrine taoïste suivant laquelle il faut « récompenser les injures par de la bonté », il opposait ces paroles : « Dans ce cas, avec quoi récompenserez-vous la bonté ? Répondez à la bonté par la bonté, et au mal par la justice ! » (Voy. Balfour, *The Divine Classic of Nan-hua*, p. xix).

somme de force morale supérieure à celle qui consiste à éteindre en soi toute sensibilité. Pour bien apprécier cette nuance, il faudrait d'ailleurs définir ce qu'on entend par « la sensibilité ». Dans la doctrine bouddhique, par exemple, la sensibilité est une faiblesse de l'être soumis aux conséquences de la forme et de la condition matérielle ; il ne me semble pas impossible de lui attribuer une plus haute valeur. L'explication des éxégètes du *Tao-teh King* paraît toutefois en plein accord avec la théorie du maître ; mais il serait peut-être exorbitant d'en tirer une conséquence de nature à amoindrir le mérite de la formule de Lao-tse. « Le saint homme, dit le célèbre Sou Tseyeou au sujet du passage en question, agit par le non-agir, et c'est pour cela qu'il n'y a rien qu'il ne puisse faire ; il pratique l'inaction, et c'est pour cela qu'il n'y a rien qu'il ne puisse accomplir ; il savoure le non-goût, et c'est pour cela qu'il n'y a rien qu'il ne puisse sentir. Or, parmi les sentiments que l'homme n'arrive pas à maîtriser, le principal est la rancune ; mais s'il est parvenu à se rendre indifférent à l'amour et à la haine, quand bien même il aurait des motifs de rancune, il n'en pratiquerait pas moins la vertu. » Li Sih-tchaï dit à son tour : « Le saint homme marche en dehors des conditions de la forme et de la matière ; il en résulte que les idées de grand ou de petit, de beaucoup ou de peu, se confondent dans sa pensée. A plus forte raison, lorsqu'il est appelé à accomplir les devoirs que lui impose l'altruisme, en présence de la reconnaissance ou de la rancune [1] ». Lao-tse,

---

1. *Lao-tse yih*, t. II, pp. 40-41.

se montre ennemi de la rhétorique, du style et de l'éloquence. « Les paroles sincères ne sont pas élégantes; les paroles élégantes ne sont pas sincères. L'homme de bien n'a pas de facilité d'élocution; celui qui a de la facilité d'élocution n'est pas bon [1]. Pour faire comprendre la vérité, un langage simple et sans apprêt suffit toujours; l'éloquence n'est nécessaire que pour induire les esprits faibles dans l'erreur et le mensonge. Posséder le savoir et être convaincu qu'on ne sait point, est la condition des esprits supérieurs; être ignorant et croire qu'on sait est une maladie [2]. En d'autres termes, l'homme ne vaut quelque chose, que parce qu'il sent qu'il ne vaut rien ou presque rien. La vertu s'oppose à ce qu'on fasse étalage des talents et de la science qu'on a acquis. Le sage se connaît lui-même et ne se met pas en évidence [3]: il est parfait et semble rempli d'imperfections [4]; il possède l'intelligence du Tao et il a l'air d'être environné de ténèbres; son aspect est celui d'un être vulgaire : on le croirait frappé d'incapacité; il paraît vil et dégradé; il ne se prodigue pas, et c'est pour cela qu'il brille; il ne s'approuve pas et c'est pour cela qu'il est éclatant; il ne se fait pas valoir, et c'est pour cela qu'il a du mérite; il ne se vante pas, et c'est pour cela qu'il est supérieur; il ne lutte pas, et c'est pour cela que nul ne peut lutter avec lui [5]. « Dans le monde, dit Lao-tse, tous me

---

1. *Tao-teh King*, ch. LXXXI.
2. *Tao-teh King*, ch. LXXI.
3. *Tao-teh King*, LXXII. — Cette même idée se rencontre dans les livres bouddhiques. « Le fou énumère ses talents; le sage les tient secrets ». (Voy. Foucaux, *le Trésor des Belles paroles*, p. 18).
4. *Tao-teh King*, ch. XLV.
5. *Tao-teh King*, ch. XLI et XXII.

trouvent éminent, et néanmoins je ressemble à un homme borné : j'ai le cœur d'un homme simple, je suis dépourvu de savoir. Les gens vulgaires sont pleins de clartés, moi seul je suis comme obscurci ; ils ont de la pénétration, moi seul je demeure dans le trouble : je suis vague comme la mer, flottant, comme si je ne savais où m'arrêter[1]. »

Lao-tse est à peu près complétement muet sur la question de la famille, qui occupe une place si considérable dans les livres moraux de Confucius. C'est à peine si, dans un seul passage du *Tao-teh King*, il fait allusion au rôle de la femme. « La femelle, dit-il, triomphe sans cesse du mâle par la douceur[2] », parce que la douceur, ajoutent les exégètes, est un sentiment humble qui, au foyer domestique comme dans l'empire, l'emporte toujours sur le sentiment altier.

La « Piété filiale » elle-même, — que l'on peut considérer non-seulement comme le ressort le plus important de la morale chinoise, mais comme le rouage essentiel de l'organisation sociale et politique des peuples de race Jaune[3], — n'est l'objet d'aucun précepte dans l'œuvre du Vieux-Philosophe. Il n'en est question qu'à la suite d'un aphorisme paradoxal, en apparence du moins, suivant lequel la sagesse et la prudence sont blâmables, parce qu'elles supposent le fait d'agir que la doctrine taoïste condamne sans pitié : « Si vous renoncez à

---

1. *Tao-teh King*, ch. LXVII (trad. Julien, p. 251), et ch. XX.
2. *Tao-teh King*, ch. LXI.
3. Voy., sur les rapports de la Piété filiale avec les lois de l'évolution civilisatrice en Chine, l'étude que j'ai placée en tête de mon *Hiao-king* publié en chinois et en français, avec un commentaire perpétuel (Paris, 1889), pp. 21 et suiv.

l'humanité et si vous abandonnez la prudence, le peuple sera cent fois plus heureux. Si vous coupez court à l'humanité et si vous abandonnez la justice, le peuple reviendra à la pratique de la piété filiale et à celle de l'amour paternel[1]. »

La politique du *Tao-teh King* découle naturellement des principes qu'il énonce au sujet de la morale et du devoir. Le devoir du Sage, appelé à gouverner un pays, est de maintenir ses habitants dans l'ignorance et la simplicité originelles. Les saints rois de l'antiquité ne pratiquaient pas d'autre système[2]. Le savoir et la recherche de l'inconnu trouble l'homme et lui retire le calme de l'esprit. C'est pourquoi Lao-tse a horreur de la science. La science, au point de vue où il se place, comme aux yeux de Saint-Augustin[3], n'a pour résultat que de faire naître l'orgueil et la vanité. Un passage, que Julien traduit « si l'homme se délivre des lumières de l'intelligence, il pourra être à l'abri de toute infirmité morale[4] », a donné lieu de penser à certains commentateurs chinois qu'il s'agissait des efforts exagérés de l'esprit qui entraînent l'homme dans l'erreur et le désordre, tandis que d'autres ont cru qu'il préconisait les avantages pour l'âme d'être maintenue dans ce que les taoïstes appellent « le vide ».

---

1. Julien, *Le Livre de la Voie et de la Vertu*, pp. 65 et 66.
2. *Tao-teh King*, ch. III et LXV.
3. Scientia inflat, charitas vero ædificat (*Cité de Dieu*, livr. IX, ch. 20). — Suivant Hoaï-nan tse, c'est « le désir immodéré du savoir qui a perdu le genre humain ». (*Mémoires*, t. I, p. 107). Lo-pi dit à son tour : « Lorsque l'homme eut acquis la science, toutes les créatures devinrent ses ennemis ».
4. *Le Livre de la Voie et de la Vertu*, p. 33. — Cf. *Tao-teh King*, ch. XVI.

Ici encore le texte chinois manque de clarté de la façon la plus regrettable.

Si Lao-tse avait à gouverner un petit état, sa première préoccupation serait de soustraire à son peuple tous les moyens de s'instruire, car c'est en renonçant à l'étude qu'on est exempt de chagrin [1]. Il prohiberait l'usage de l'écriture et ne permettrait d'employer, comme moyen mnémonique, que les cordelettes à nœuds dont se servaient les premiers Chinois [2]. Il ferait en sorte que ceux qui ont acquis du savoir n'osent pas agir [3]. Ses sujets ne connaîtraient pas même les régions assez voisines de la leur pour que les cris des coqs et les aboiements des chiens puissent s'entendre des unes aux autres. On y parviendrait à la vieillesse et à la mort, sans qu'on se fut visité. S'il se trouvait, dans son royaume, des bateaux et des voitures, les habitants n'y monteraient pas, même pour entreprendre le plus court des voyages [4].

Lao-tse condamne la guerre. Si un pays sur lequel il régnerait possédait des armes, ne fût-ce que

---

1. *Tao-teh King*, ch. xx.
2. *Tao-teh King*, ch. lxxx. (Voy. mes *Écritures figuratives et hiéroglyphiques des différents peuples anciens et modernes*, p. 3). — On attribue l'invention des cordelettes nouées à un prince des temps préhistoriques nommé Soui-jin. (*Kang-kien i-tchi loh*, livr. I, p. 4). Ces cordelettes avaient été employées par les Chinois pour rappeler les principaux évènements de leur histoire. (*Tching-chi-yo*, livr. I, p. 2).
— On a prétendu qu'une doctrine analogue à celle de Lao-tse, relativement aux dangers de connaître l'écriture et d'en faire usage, avait été professée par les anciens Incas, dans le Pérou pré-colombien ; mais le fait a été contesté. Toujours est-il qu'à l'époque de la Conquête, les Péruviens indigènes ne possédaient d'autre moyen graphique que les cordelettes à nœuds ou *qquipou*. (Voy. Castaing, dans les *Mémoires de la Société d'Ethnographie*, Sect. Orientale et Américaine, 2ᵉ série, t. IV, p. 96.
3. *Tao-teh King*, ch. iii.
4. *Tao-teh King*, ch. lxxx.

pour dix ou cent hommes, il empêcherait qu'on s'en servît[1], parce que les armes sont des instruments de supplice que les hommes détestent[2]. Le triomphe, sur les champs de bataille, doit être considéré comme un malheur. Dans les temps antiques, quand un général avait remporté la victoire, il prenait le deuil[3], car celui qui a fait tuer une multitude d'individus doit pleurer sur eux avec des larmes et des sanglots[4].

Un ministre qui se conforme à la loi du Tao n'a pas le goût de subjuguer les peuples par la force : Il sait que là où s'arrêtent des soldats, il naît des épines et des ronces, et qu'à la suite d'une grande guerre, les années de famine sont inévitables[5].

D'un esprit profondément prolétaire[6] et parfois presque anarchiste, le Vieux-Philosophe se montre assez dur pour les institutions royales de son temps. Il voudrait du moins que les rois imitassent l'exemple idéal des anciens princes de leur pays, auxquels l'histoire légendaire de la Chine primitive attribue la réunion de tous les mérites et de toutes les vertus. « Dans la haute antiquité, dit-il, le peuple savait à

---

1. *Tao-teh King*, loc. cit.
2. *Tao-teh King*, ch. XXXI.
3. *Tao-teh King*, ch. XXXI. Voy. aussi Julien, *Le Livre de la Voie et de la Vertu*, comment., p. 119).
4. *Tao-teh King*, ch. XXXI ; cf. ch. XLVI. — Lao-tse dit que lorsque deux armées combattent à armes égales, c'est celle qui est commandée par le chef le plus compatissant à laquelle est dévolue la victoire, (ch. LXIX).
5. *Tao-teh King*, ch. XXX et XLVI.
6. Les hommes nobles ont pour point de départ la condition abjecte; les grands ont la basse extraction pour premier fondement (*Tao-teh King*, ch. XXXIX). « Dans l'ordre de la nature, les vassaux et les rois sont de la même espèce que l'humble homme du peuple » (Comment. de Sieh-hoeï, cité par Julien, dans le *Livre de la Voie et de la Vertu*, p. 148.)

peine s'il avait des rois ; plus tard, il les aima et leur prodigua des louanges ; plus tard encore, il les craignit ; à la fin, il les méprisa [1]. » Un roi est, en somme, dans la pensée de Lao-tse, un rouage inutile à la machine sociale. S'il doit en exister, il faut du moins que leur rôle consiste dans le non-agir [2] : les peuples se pacifient d'eux-mêmes, sans que personne ne le leur ordonne [3]. La bonne méthode gouvernementale consiste à « n'avoir pas de prudence », c'est-à-dire à ne pas prendre sans cesse des précautions inopportunes [4]. Si le chef de l'État est trop clairvoyant, le peuple est privé de tout [5]. Les princes sont la cause de la misère du peuple, parce qu'ils dévorent une énorme quantité d'impôts [6], et que, contrairement à l'exemple du Ciel, ils ôtent à ceux qui manquent du nécessaire pour donner à ceux qui jouissent du superflu [7].

Comme les plus grands instituteurs religieux de l'humanité, comme Bouddha et Jésus, — bien que dans une mesure plus faible et moins formelle, — Lao-tse est hostile à la fortune, communiste. C'est tout au plus s'il n'énonce pas la célèbre parole de Proudhon : « La propriété, c'est le vol ». Il dit, en effet : « Si les palais sont somptueux, les champs sont incultes et les greniers sont vides. Lorsque les princes, armés

---

1. *Tao-teh King*, ch. xvii. — Voy. cependant ch. xxv, tout en se rappelant que les contradictions et les paradoxes ne sont pas rares dans le livre de Lao-tse, du moins lorsqu'il est interprété comme le veulent les principaux commentateurs chinois. (Cf. par exemple, les deux premiers aphorismes du ch. lxx).
2. *Tao-teh King*, ch. xlvi.
3. *Tao-teh King*, ch. xxxii.
4. *Tao-teh King*, ch. lxv.
5. *Tao-teh King*, ch. lviii.
6. *Tao-teh King*, ch. lxxv.
7. *Tao-teh King*, ch. lxxvii.

d'un glaive tranchant, se revêtent de riches étoffes, lorsqu'ils se rassasient de mets savoureux, lorsqu'ils regorgent de richesses, ce sont des voleurs [1].

Partisan de la doctrine du Non-Agir [2], Lao-tse est contraire à la multiplicité des lois. Plus les prohibitions sont nombreuses, plus le peuple devient pervers. Si le peuple a beaucoup de moyens de lucre, le trouble éclate dans l'État ; s'il fait preuve d'adresse et d'habileté, les objets somptuaires et d'un usage frivole se multiplient aux dépens de la morale publique [3]. Si les ordonnances du gouvernement se succèdent sans discontinuer et se caractérisent par une sévérité extrême, les sujets du prince ont recours à la ruse pour s'y soustraire, et le nombre des bandits augmente proportionnellement [4]. Le Saint Roi doit donc éviter toute intervention non indispensable dans la vie politique : il se borne à gouverner les hommes en leur donnant l'exemple d'une conduite sans reproche. Son devoir le plus solennel est de se montrer exempt de désirs, ennemi du luxe et de la magnificence. Simple dans ses mœurs et résolu à pratiquer le Non-Agir, la nation entière l'imite et vit dans la paix et dans l'abondance [5]. Mais il est rare de posséder les qualités requises pour devenir un tel prince, et il

---

1. *Tao-teh King*, ch. LIII. — Le philosophe Meh-tih, célèbre antagoniste de Mencius, qui vécut au Ve siècle avant notre ère et professa la doctrine de l'Amour universel, a dit : « Si chaque homme regardait la maison des autres comme sa propre maison, qui aurait l'idée de voler ? » (*Meh-tse*, édit. de 1757, livr. II, p. 7).
2. « La seule chose que je redoute, c'est d'agir ». (*Tao-teh King*, ch. LIII ; voy. également ch. LXIV).
3. *Tao-teh King*, ch. XXIX.
4. *Tao-teh King*, ch. LVII.
5. *Tao-teh King*, loc. cit.

appartient seulement aux natures d'élite de savoir instruire sans parler et provoquer des résultats heureux sans avoir recours à l'agitation [1].

C'est surtout à propos des rites et des pratiques de la courtoisie sociale que la doctrine de Lao-tse se montre diamétralement opposée à celle de Confucius. Le Vieux-Philosophe est convaincu que la politesse, dans le monde, n'aboutit qu'à faire naître l'hypocrisie, et que le formalisme, dans les relations des hommes, ne sert qu'à masquer les mauvais sentiments du cœur.

Confucius crut découvrir le moyen, par une règlementation des plus raffinées du cérémonial, d'éteindre les sentiments hostiles à l'esprit de concorde qui doit régner parmi les hommes. Le suprême desideratum de la morale politique était, à ses yeux, de rendre supportable pour les masses le joug de l'autorité impériale, sauf à affaiblir le poids de ce joug en faisant accepter aux Fils du Ciel eux-mêmes une certaine subordination à des rites reconnus et respectés par tous. Le célèbre moraliste de Lou était tellement convaincu de l'omnipotence du cérémonial, qu'il passa sa vie entière à en régler jusqu'au moindre détail. Il y réussit si bien que, depuis son époque, la Chine n'a jamais cessé de s'y soumettre. Le résultat le plus clair a été de consolider les bases du despotisme monarchique, mais en même temps de tempérer maintes fois ses excès. Plus que toute autre peut-être, la nation chinoise a pris le caractère d'une

---

1. *Tao-teh King*, ch. XLIII.

grande famille dont le souverain est le père ; elle a vécu de longs siècles dans des conditions de paix intérieure relativement assez tolérables, mais le progrès s'y est manifesté d'une façon lente et presque toujours peu fructueuse. Près de quarante siècles se sont écoulés aux bords du fleuve Jaune, sans que la notion de « liberté » ait pu s'y faire jour : non seulement on n'en a pas compris la valeur, mais on n'a pas même découvert un mot qui puisse en fournir la signification [1].

Il est facile de voir que Lao-tse, chez lequel le respect des institutions monarchiques était bien moins profond que dans l'esprit de son fameux rival, n'avait pas de motifs pour préconiser l'utilité des rites et en recommander la pratique. Aussi Siehhoeï [2] n'a-t-il pas hésité à soutenir, dans son commentaire du *Tao-teh King*, que « l'urbanité est ce qu'il y a de plus faible dans les vertus sociales et qu'il est impossible de descendre plus bas. »

---

1. Parmi les 42,718 caractères contenus dans le *Kang-hi Tse-tien*, ouvrage communément désigné comme *Dictionnaire de l'Académie de Péking*, il n'y en a pas un seul qui veuille dire « liberté », et cependant ces signes représentent à peu près le matériel de tous les mots employés dans la littérature chinoise.
2. Cité par Julien (*Le Livre de la Voie et de la Vertu*, p. 141).

VIII

LES SUCCESSEURS IMMÉDIATS DE LAO-TSE.

Si l'on peut dire avec assurance que la personne de Confucius s'est identifiée avec la nation chinoise au point de se confondre avec elle, il en est tout autrement de Lao-tse et de sa doctrine. Lao-tse est resté seul, incompris, en quelque sorte étranger dans le pays qui l'a vu naître. Il eut sans doute de son vivant, et peut-être davantage après sa mort, des admirateurs enthousiastes, de prétendus disciples ; mais son œuvre n'a pas été continuée et, qui pis est, elle a été d'âge en âge victime de la plus déplorable parodie. A la fin de sa carrière, la légende lui fait quitter la Chine, où il semble qu'il s'était égaré. Six siècles avant notre ère, il fut certainement dans son pays un astre lumineux, mais un astre semblable à ces étoiles dévoyées sans doute, qui filent, s'éclipsent et disparaissent.

Il serait néanmoins excessif de contester la valeur philosophique et même morale de quelques uns des écrivains chinois qui ont prétendu marcher sur les traces de ce maître. Il y aurait en outre injustice à confondre plusieurs d'entre eux avec les charlatans de bas étage qui, pour des motifs plus ou moins inavouables, n'ont pas tardé à greffer sur son nom un système de croyances et de pratiques religieuses aussi grossières que stériles. Ce serait enfin se livrer à une entreprise un peu hâtive que de risquer sans de grandes réserves une appréciation d'ensemble sur une école dont les écrits sont pour la plupart inconnus du monde savant en général et des orientalistes en particulier. Nous ne possédons pas même aujourd'hui une nomenclature tant soit peu complète des écrits qui se rattachent à l'École du *Tao-teh King*.

Dans de telles conditions, la prudence ne permet pas de prononcer un jugement sur le travail intellectuel qui s'est accompli chez les successeurs immédiats de Lao-tse, et nous sommes réduits à signaler, à titre essentiellement provisoire et sans aucune prétention de méthode, les indices qu'il a été possible de recueillir sur le caractère des principaux écrivains que les bibliographes indigènes classent parmi les philosophes taoïstes de la période antérieure à l'ère chrétienne.

Le plus ancien ouvrage qu'on mentionne à la suite du *Tao-teh King* est un livre composé par le garde de la barrière où s'arrêta Lao-tse, quand il quitta la Chine des Tcheou pour se rendre dans les contrées occidentales. Ce livre intitulé *Kouan-yin tse*[1] aurait été découvert au XIIᵉ siècle, mais son authenticité est incertaine, et l'on pense qu'il a été fabriqué par un taossé de l'époque des Tang, ou même par un

---

[1]. Le titre de cet ouvrage a été changé par la suite. Sous celui de *Wen-chi tchin King,* il a été commenté par Tchin Pao-yih, qui vivait sous la dynastie des Soung (Wylie, *Notes on Chinese Literature*, p. 174).

compilateur plus moderne que les princes de cette dynastie.

En dehors de ce livre d'une origine suspecte, l'histoire littéraire de la Chine appelle tout particulièrement notre attention sur deux écrivains qui ont vécu l'un et l'autre environ deux cents ans après la mort de Lao-tse. Le premier, Lieh-Yu-keou, autrement appelé *Lieh-tse*, florissait au commencement du IV siècle avant notre ère ; le second, Tchouang-tcheou ou *Tchouang-tse*, serait plus moderne d'un petit nombre d'années.

On attribue à Lieh-tse un livre qui reçut en l'an 742, par la grâce d'un décret impérial, le titre de *Tchoung-hiu tchin King* « le Livre traditionnel véridique du Vide profond [1] », et plus tard, en 1007, par une autre faveur du même genre, celui de *Tchoung-yu tchi-teh tchin King* « le Livre traditionnel véridique du Vide profond et de la Suprême Vertu » [2].

Quant à Tchouang-tse, dont le nom est encore plus célèbre chez les Chinois que celui de Lieh-tse, il est auteur d'un ouvrage intitulé *Nan-hoa tchin King*, c'est-à-dire « le Livre traditionnel véridique de la Fleur du Sud. » Souvent réédité, non-seulement en Chine mais encore au Japon, il a été l'objet de nombreux

1. Le P. Prémare traduit ce titre par « le Livre du Vide et de l'Incorporel » (*Annales de Philosophie chrétienne*, série VI, 1874, t. VIII, p. 16 n.).
2. Wylie, loc. citat. — Il a paru de l'œuvre de Lieh-tse une traduction allemande dont j'ignorais l'existence lorsque j'ai composé le présent ouvrage, et qui manquait dans toutes les bibliothèques de Paris. Je ne suis parvenu à la parcourir que lorsque la présente publication était sur le point d'être entièrement imprimée. Cette traduction a pour titre : *Der Naturalismus bei den alten Chinesen*, oder die sæmmtlichen Werke des Philosophen Licius, übersetzt und erklært von Ernst Faber ; un vol. in-8.

commentaires, et la plupart des lettrés en ont fait une étude approfondie [1].

Les écrits de ces deux philosophes, d'ailleurs remarquables à plus d'un titre, ont le défaut de manquer de plan et d'abuser trop souvent des jeux de mots. Ce sont des recueils d'anecdotes parfois spirituelles, souvent bizarres et ennuyeuses, entremêlées d'aphorismes philosophiques et de subtilités de toutes sortes. On y rencontre aussi d'assez fréquents récits de conversations engagées entre ces maîtres et leurs disciples, et quelques extraits d'anciens ouvrages taoïstes qui auraient pour l'histoire de la philosophie chinoise un intérêt considérable, s'il ne subsistait des doutes sur leur authenticité. Enfin on peut y lire le récit de plusieurs entretiens de Lao-tse avec Confucius, qui, eux aussi, ont le défaut d'être probablement apocryphes.

Dans l'un de ces entretiens rapporté par Tchouang-tse, on voit reproduites les critiques que, suivant le grand historiographe Sse-ma Tsièn [2], le créateur supposé du Taoïsme adressa au fondateur de l'École dite des Lettrés; mais les termes mis dans la bouche des deux philosophes ne sont pas précisément les mêmes.

Lao-tse reproche à son orgueilleux rival de jeter le

---

[1]. Je possède plusieurs éditions différentes du *Nan-hoa King*, dont une a été publiée au Japon avec un commentaire perpétuel. C'est de cette édition japonaise que j'ai tiré les divers passages de Tchouang-tse qu'on trouve mentionnés dans cet ouvrage. Je me suis servi également de la version anglaise due à M. Fréd.-H. Balfour (Shanghai, 1881), mais je n'ai jamais fait d'emprunt à sa version sans recourir au texte original pour en vérifier l'exactitude.
[2]. Voy. plus haut, dans ce volume, chap. II, p. 31.

trouble dans la nature de l'homme [1] ; il ne consent pas à admirer la règle politique des Trois-Augustes et des Cinq-Empereurs, parce que, selon lui, elle n'aboutit qu'à faire naître des désordres dans la société. Les *King* ou Livres canoniques ne nous conservent que « la trace des pas » des anciens rois, et l'on peut se demander à quoi ces traces peuvent servir ? « Les traces des pas seraient-elles par hasard la même chose que les chaussures [2] ? » Il y a eu certainement, dans l'antiquité, des princes qui ont compris la Loi génératrice des choses, comme par exemple l'empereur Fouh-hi [3] ; mais s'il est sûr que les hommes ont en général une tête et des pieds, il n'est pas moins sûr que beaucoup d'entre eux n'ont ni cœur (pour sentir les choses) ni oreilles (pour les entendre), et que nul être ayant forme ne peut saisir ce qui n'a ni forme ni figure [4].

Lieh-tse, lui aussi, fait d'assez nombreuses citations de paroles attribuées à Confucius, à Lao-tse et à quelques autres philosophes anciens. Dans une foule d'endroits, il s'attache à soutenir les avantages de la doctrine du Non-agir ; mais on est tenté parfois de croire qu'il plaisante, tant sont bizarres les arguments dont il se sert. On y lit, par exemple, qu'un des disciples de Lao-tse avait appris à pénétrer le sens du

---

1. *Nan-hoa King*, section *Tien-tao*, livr. XIII, édit. jap., p. 11.
2. *Nan-hoa King*, section *Tien-yun*, livr. XIV, p. 33.
3. *Nan-hoa King*, section *Ta-tsoung-tse*, livr. VI, p. 10. — On sait que l'empereur Fouh-hi, inventeur des *koua* ou trigrammes, et dont on reporte le règne à près de deux siècles avant le déluge de la Bible, est considéré par les Chinois comme un prince historique, bien qu'il appartienne en réalité bien plus à la légende qu'à l'histoire proprement dite.
4. *Nan-hoa King*, section *Tien-ti*, livr. XII, p. 41.

Tao, mais le fait paraissait fort étonnant, puisque son maître avait pratiqué le système du silence, comme seul conforme à la véritable sagesse. Ce fameux disciple était arrivé, il est vrai, à voir avec les oreilles et à entendre avec les yeux ; il avait mis à l'unisson sa charpente corporelle et son cœur, son essence vitale (*ki*) et son esprit (*chin*), son esprit et son principe négatif (*wou*) [1].

Parfois Lieh-tse prête à Confucius des idées qui le rapprochent de son célèbre antagoniste. Interrogé sur la question de savoir si les Trois-Augustes et les Cinq-Empereurs de l'antiquité étaient des sages, Confucius répond qu'il n'en sait rien : Le seul sage est un homme des pays Occidentaux qui est capable de bien gouverner le peuple sans faire acte de gouvernement, de donner confiance dans sa conduite sans faire usage de la parole, et qui, sans se transformer, agit par la seule puissance de sa propre nature [2].

Lieh-tse et Tchouang-tse se rencontrent d'ailleurs en bien des circonstances dans les explications qu'ils donnent du mystère de la création ; souvent aussi on les voit recourir à des anecdotes enfantines pour soutenir la justesse de théories plus ou moins aventureuses. Leurs récits fourmillent de fables grossières qu'ils semblent y avoir introduites à plaisir et dans le seul but d'énoncer les idées les plus fantaisistes

---

1. Lieh-tse, *Tchoung-hiu tchi-teh tchin King*, sect. *Tchoung-ni*, livr. IV, édit. jap., p. 4.
2. Lieh-tse, *Libr. citat.*, livr. IV, p. 5. — Ce passage a fait travailler bien des imaginations. Les Jésuites, dit M. Ernst Faber, y ont vu une prophétie annonçant la venue du Christ (*Werke des Philosophen Licius*, p. 84). Voy. aussi, le P. Prémare, dans les *Annales de Philosophie Chrétienne*, série VI, t. VIII.

et les plus paradoxales. Le fameux chapitre initial du livre de Tchouang-tse intitulé « la Pérégrination [1] » se retrouve en partie dans l'œuvre de Lieh-tse [2]. On pressent déjà, en lisant les pages désordonnées de ces deux célèbres écrivains taoïstes que leur doctrine ne tardera pas à perdre tout caractère philosophique pour ne plus devenir autre chose qu'un système de mysticisme, d'incantation et de sorcellerie.

Lao-tse avait été souvent victime des plus singuliers écarts de langage. Lieh-tse, qui prétendait être parvenu à ne plus dépendre de rien, se laissant aller au gré de la brise, dans l'indifférence absolue des choses, n'en était pas moins, comme le lui reprochait Tchouang-tse, dans la dépendance du vent. Il était en plus à la merci de tous les égarements de la logomachie. Ces deux philosophes, et un peu plus tard Hoaï-nan-tse, avaient tiré, par d'énormes efforts d'esprit, tout ce qu'il leur était possible d'extraire d'une doctrine aussi insuffisamment fixée que l'était celle du *Tao-teh King*.

L'œuvre de chacun de ces deux philosophes, celle du premier surtout, mériterait cependant d'être l'objet d'une étude critique particulière. On a cru découvrir un rudiment des théories transformistes de Charles Darwin dans le passage où Lieh-tse nous dit que les grenouilles sont des cailles [3] et arrive, après

---

1. *Siao-yao-yeou*. J'ai publié la première traduction européenne qui ait été faite de ce curieux chapitre dans mes *Textes chinois anciens*, (Paris, 1874, un vol. in-8), p. 73 et suiv.
2. Livr. IV, édit. jap., p. 7.
3. *Tchoung-yu tchi-teh tchin King*, ch. I, édit. jap., p. 7. — C'est comme l'on dirait aujourd'hui, observe M. Ernst Faber « les hommes sont des singes » (*Werke des Philosophen Licius*, p. 7). — On peut trouver des traces de la doctrine transformiste dans les écrits des naturalistes de

une série de remarques du même genre, à la conclusion que les êtres proviennent tous d'une source commune vers laquelle ils retournent sans cesse. « L'empereur Hoang-ti (fondateur supposé du Taoïsme), cité à ce propos par Lieh-tse, aurait dit quelque part : « L'évolution de la forme ne crée pas la forme, mais elle crée l'ombre ; l'évolution du son ne crée pas le son, mais elle crée l'écho. » S'il existe une forme, ajoute le commentateur il existe nécessairement une ombre ; s'il existe un son, il existe nécessairement un écho. Ces choses naissent spontanément l'une de l'autre ; leur destinée est de paraître et de disparaître [1]. « Sans mouvement, il n'y a pas de naissance. C'est le Non-être qui produit l'existence. Ce qui a forme doit nécessairement finir. Le Ciel et la Terre finiront, comme nous tous nous finirons. Où aboutira cette fin ? C'est ce que l'on ne sait pas [2]. » On a vu dans les idées de Lieh-tse, des analogies avec le Bouddhisme qui font croire que ce philosophe avait eu connaissance de la doctrine de Çâkya-mouni ; mais cette opinion n'a pas été établie d'une manière satisfaisante et laisse subsister toutes sortes de doutes sur sa légitimité [3].

La philosophie de Lieh-tse et celle de Tchouang-tse, comme on peut s'en apercevoir, ne sont déjà plus le pur Taoïsme du *Tao-teh King*, mais une philosophie moins simple, guindée, pleine de tendances au surnaturel et au merveilleux.

---

bien des pays divers, notamment dans l'ouvrage arabe composé par Kazwini.
1. Lieh-tse, *Tchoung-yu tchi-teh tchin King*, édit. jap., ch. ɩ, p. 9.
2. Lieh-tse, loc. cit.
3. Voy. le *Missionary Journal*, de Fou-tcheou, t. II, 1869, p. 86.

Tchouang-tse s'éloigne, par exemple, des idées de Lao-tse lorsqu'il soutient l'utilité des préséances parmi les hommes [1], et peut-être plus encore lorsqu'il admet, contrairement à la manière de voir de Mencius, que dans l'État l'empereur est la chose la plus importante, tandis que le peuple est la moindre [2]. Il s'accorde en revanche avec le Vieux-Philosophe, lorsqu'il fait l'éloge de l'inaction et la considère comme la base de toutes les vertus : « La vertu des empereurs et des princes consiste à considérer le Ciel et la Terre comme leur modèle, le Tao et la Vertu comme leur règle. S'ils pratiquent l'inaction, l'empire a plus que sa suffisance ; tandis que s'ils pratiquent l'action, l'empire est dans l'insuffisance. C'est pourquoi les Anciens mettaient en honneur la pratique de l'inaction [3]. »

L'idée de Dieu, qui est Un avec les opérations de la Nature [4], est manifestement énoncée par Tchouang-tse, ainsi que celle de la métempsycose [5]. « Ceux qui ont compris dans quelles conditions le Ciel est satisfait, se soumettent à l'action céleste pendant leur vie et se transforment après leur mort. Dans le repos, ils sont en accord avec le *yin* ou principe femelle ; dans l'action, ils sont en accord avec le *yang* ou principe mâle [6]. » Tchouang-tse pose également comme un axiome la croyance à l'immortalité de l'âme [7].

---

1. Tchouang-tse, *Nan-hoa King*, sect. *Tien-tao*, ch. XIII.
2. Balfour, *The Divine classic of Nan-hua*, p. 160.
3. *Nan-hoa King*, édit. jap., ch. XIII, p. 4.
4. Balfour, *The Divine classic of Nan-hua*, p. 155.
5. Section *Tien-tao*, ch. XIII.
6. *Nan-hoa King*, édit. jap., livr. V, p. 4.
7. « Il y a une limite à la vie, dit-il ; mais la Connaissance n'a pas de limite » (*Nan-hoa King*, ch. III, édit. jap., t. II, p. 1).

Le premier chapitre du *Tchoung-yu tchin King* nous montre le développement de la théorie taoïste relative au principe créateur et évolutif [1]. Bien que cette théorie y soit exposée dans un style énigmatique très regrettable, le passage suivant de ce chapitre est curieux en ce sens qu'il nous montre comment une grande idée a pu s'atrophier par le seul fait des abus d'un langage obscur et subtil à l'excès.

« Le maître [2] Lieh-tse habitait au jardin de Tching. Pendant quarante ans, personne, parmi le peuple, n'avait entendu parler de lui ; quant au prince, aux courtisans et aux fonctionnaires publics, ils le considéraient comme un homme ordinaire. Le pays où il résidait étant tombé dans la disette, il résolut de quitter sa maison et d'aller résider à Weï.

« Son disciple lui dit : « Puisque mon maître part sans fixer une date de retour, il me permettra peut-être de lui demander ses instructions. Mon maître n'aurait-il pas entendu la parole de Hou-tse [3] ? »

« Lieh-tse lui répondit en riant : « Qu'a donc dit Hou-tse ? Quoiqu'il en soit, je vais essayer de t'expliquer ce que mon maître discutait avec l'aveugle Pen-hoën, car j'étais à ce moment à leur côté.

« Il s'exprimait ainsi : « Il existe la vie et la non-vie (qui produit les êtres et n'est pas par elle-même produite) ; il existe la transformation et la non-trans-

---

1. « Ce dont je suis certain, dit Tchouang-tse, c'est que je tire mon existence active d'un Créateur, mais je n'ai pas vu sa forme ; il possède le sentiment (la Raison), mais il n'a pas de forme » *Nan-hoa King*, ch. II ; édit. jap., t. II, p. 24).
2. Ce chapitre est attribué à un disciple du philosophe Lieh-tse.
3. Nom du maître du philosophe Lieh-tse.

formation (qui transforme les êtres et ne se transforme pas elle-même). La non-vie est apte à donner la vie ; la non-transformation est apte à faire naître la transformation.

« La vie ne peut pas ne pas donner la vie ; la transformation ne peut pas ne pas produire la transformation. C'est pourquoi il n'y a pas d'instant où la vie perpétuelle et la transformation perpétuelle ne donnent pas la vie et ne produisent pas la transformation. C'est le fait du principe femelle et du principe mâle ; c'est le fait des quatre saisons (c'est-à-dire du mouvement évolutif de la nature).

« Ce qui n'a pas reçu la vie (le principe créateur) existe parfait par lui-même et unique [1] ; ce qui ne change pas vient et revient ; ses limites sont infinies.

« Dans le livre de l'empereur Hoang-ti [2], il est dit :

« L'esprit de la Vallée ne meurt pas ; on l'appelle « la Femelle obscure [3] ». La porte [4] de la Femelle obscure se nomme la racine [5] du Ciel et de la Terre. Elle se perpé-

---

1. En chinois : *i-tchoh* ; — *i* veut dire « ce qui existe dans la condition parfaite et par soi-même », *tchoh* veut dire « unique » (*King-tsieh tsi-ouen-kouh*, t. IV, p. 35). — Suivant une autre autorité, *i* signifie « ce qui est à la fois positif et négatif, et n'a pas de forme ; *tchoh* signifie « la grandeur et la beauté absolue, et dont rien n'approche » (*Peï-wen-yun-fou*, livr. xc b, p. 109).
2. Dont on fixe le règne au XXVIIe siècle avant notre ère.
3. « La divine femelle de la Vallée (du Vide) est apte à produire tous les êtres, c'est pourquoi on lui donne le titre de « mère », et on la nomme « la femelle obscure » parce qu'elle est cachée, profonde et inscrutable » (*Lao-tse i*, livr. I, p. 11.) — Une vallée est un vide et cependant elle a une forme. L'esprit de la Vallée, lui, est vide et n'a pas de forme. Vide et sans forme, rien ne lui a donné naissance ; il ne saurait donc mourir. Quant à la Femelle obscure, on voit ce à quoi elle donne naissance, mais on ne voit pas ce qui lui a donné naissance. » (Commentaire de Sou Tse-yeou).
4. On emploie l'expression « porte de la Femelle obscure », pour indiquer d'où sont sortis toutes les créatures » (Comment. de Sou Tse-yeou).
5. « La racine du Ciel et de la Terre est une expression pour indiquer que tous les êtres sont issus de l'esprit de la Vallée » (Comment. de Sou Tse-Yeou).

tue sans discontinuer. Elle subsiste (et est invisible); bien qu'elle agisse sans cesse, elle n'éprouve pas de fatigue [1].

« En conséquence, le principe qui produit les êtres n'a pas eu de naissance ; le principe qui transforme les êtres est immuable (ne se transforme pas). Il a l'existence par lui-même ; il se transforme par lui-même ; il a la forme (la couleur) par lui-même ; il a l'intelligence par lui-même ; il a la force par lui-même ; il a la croissance (le devenir) par lui-même ; il a l'épuisement par lui-même. Il en résulte que la vie, la transformation, la forme, l'intelligence, la force, la croissance, l'épuisement ne sont pas réels [2] ».

La lutte des théories taoïstes et confucéistes ne tarda pas à donner naissance en Chine à des écoles philosophiques divergentes [3] qui se préoccupèrent de la question de savoir si l'homme, dans sa condition originelle

---

1. Ce passage fort obscur se retrouve en termes identiques dans le *Tao-teh King* de Lao-tse, dont il forme le chapitre VI complet. Or, comme le fait remarquer avec raison M. Victor von Straus, le philosophe Lieh-tse connaissait l'œuvre du Vieux-Philosophe, d'où il résulte que dans le *Tao-teh King* ce passage n'était vraisemblablement qu'une citation (Lao-tsè's *Uebersetzung*, p. 32). — Dans ce cas, il y aurait un argument pour établir que le Taoïsme n'était pas une théorie philosophique absolument personnelle au célèbre contemporain de Confucius. On pourrait peut-être aussi tirer de ce fait la conclusion, d'ailleurs vraisemblable pour d'autres motifs, que le *Tao-teh King* est un composé artificiel de vieilles sentences taoïstes et non point un écrit composé par le philosophe Lao-tse dans la forme où nous le possédons aujourd'hui.

2. J'avais eu l'intention d'insérer ici plusieurs autres fragments du livre de Lieh-tse, mais celui qui précède me paraît suffisant pour en donner une idée, et de plus longs extraits seraient au moins inutiles, à moins d'être accompagnés d'un long commentaire qui ne saurait trouver place dans cet ouvrage.

3. Wylie fait observer avec beaucoup de raison qu'après la mort de Lao-tse, le caractère du Taoïsme se modifia tellement d'âge en âge, qu'il est presque impossible de déterminer d'une façon précise, quels sont, parmi les philosophes des siècles subséquents, ceux qu'il faut rattacher à cette doctrine. (*Notes on Chinese Literature*, p. 172).

était bon ou mauvais. Suivant Lao-tse, la nature de l'homme est foncièrement bonne, et elle ne devient mauvaise que par suite des raffinements de la civilisation qui en faussent le caractère et la simplicité. Mencius, lui aussi, croit à la bonté primitive de l'homme, ou du moins il enseigne qu'il suffit d'étudier pour aboutir à la vertu. Lao-tse attribue à l'étude des effets contraires, puisqu'il y voit une source de chagrins [1] et pense qu'un prince sage doit détourner son peuple de toute ambition de connaître [2]. Un autre philosophe, Siun-tse [3], soutient que la nature de l'homme est essentiellement mauvaise, et qu'il faut confier à des maîtres le soin de l'améliorer et de la transformer [4]. Yang-tse [5], à son tour, enseigne que la nature de l'homme est un mélange de bien et de mal :

« Un bâton de travers doit être mis dans une presse pour être redressé et tendu : après cela, il devient droit ; un morceau de métal grossier doit être soumis à la pierre à aiguiser, et alors il devient tranchant. De même, la nature de l'homme étant mauvaise, il faut la

---

1. *Tao-teh King*, ch. xx. — Tchouang-tse enseigne que le vrai bonheur consiste dans l'anihilation de la personnalité (Balfour, *The Divine Classic of Nan-hua*, excursus, p. xx).
2. *Tao-teh King*, ch. lxxx.
3. *Siun-kouang* ou *Siun-king*, communément appelé *Siun-tse,* vivait sous la dynastie des Tsin, au IIIᵉ siècle avant notre ère. Il est considéré comme le chef d'une école qui professait des doctrines en opposition avec celles de Mencius. D'après le grand historiographe Sse-ma Tsièn, il avait été précepteur du fameux ministre Li-tse, sur le rapport duquel l'empereur Chi Hoang-ti ordonna la destruction des livres confucéistes, et pendant un temps (271 à 264 av. n. è.), fonctionnaire public dans l'état de Tsi.
4. *Tchou-tse loui-han*, Préliminaires, p. 8.
5. *Yang-hioung* ou *Yang-tse* vivait à l'époque du Christ (de — 53 à + 18 de l'ère chrétienne). L'ouvrage de ce philosophe est intitulé *Fah-yen* « les Paroles de la Loi ».

soumettre à des maîtres et à des lois, et alors elle devient bonne.

« Dans l'antiquité, les saints Rois, sachant fort bien que le naturel des hommes était perverti, enclin aux mauvais penchants, dépravé et sans droiture, rebelle, désordonné et insoumis, firent surgir les rites et la justice, créèrent des lois et des règlements pour redresser et polir le naturel instinctif des hommes et le rectifier, pour adoucir et transformer ce naturel et lui servir de guide, afin que tous se montrent gouvernables et en accord avec le Tao.

« Le philosophe Mencius a dit : « Il suffit que l'homme se livre à l'étude pour que son naturel soit bon ». Moi je prétends qu'il n'en est pas ainsi. Si Mencius a parlé de la sorte, c'est parce qu'il n'était pas arrivé à bien connaître le naturel de l'homme et n'avait pas saisi la différence entre ce qui est instinctif chez l'homme et ce qui est factice. Le naturel, c'est la condition fixée par le Ciel, qui ne résulte ni de l'étude, ni d'aucun travail ; la politesse et la rectitude, sont le produit des sages.

Le naturel de l'homme, lorsqu'il a faim, lui fait désirer d'être rassasié, lorsqu'il a froid de se réchauffer, lorsqu'il est fatigué de prendre du repos. Mais s'il arrive qu'un homme affamé, se trouvant en présence d'un supérieur, n'ose pas prendre de nourriture devant lui, il fait acte de retenue ; s'il est fatigué et n'ose pas demander à prendre du repos, il fait un effort sur lui-même. Si un fils s'observe devant son père, ou un frère cadet devant son frère aîné ; si un fils se dévoue pour son père, ou un frère cadet pour son frère aîné, dans ces deux alternatives, il y a opposition réfléchie contre le naturel et résistance contre l'instinct. C'est dans ce cas la résultante de la pratique du Tao chez le fils pieux, et de la raison cultivée conformément à la politesse et à la rectitude.

« On me posera peut-être cette question : « Si le naturel de l'homme est mauvais, la politesse et la rectitude proviennent-elles donc d'une source mauvaise ?

« Je répondrai : « La politesse et la rectitude naissent de l'œuvre artificielle des sages, et en aucune façon du naturel de l'homme. Par exemple, lorsqu'un potier fabrique un vase avec de l'argile, le vase est l'œuvre artificielle de l'ouvrier et nullement une production de l'argile. Les sages arrivent de même, par de longues méditations et par des efforts de travail, à donner naissance à la politesse et à la rectitude, et à en faire sortir des lois et des règlements qui sont le produit factice de leur travail et nullement la résultante du naturel humain.

« L'empereur Yao demanda un jour à Chun, quel était le caractère du naturel humain. Chun lui répondit : Les sentiments de l'homme sont excesssivement mauvais ; pourquoi m'interrogez-vous sur leur compte ? Quand un homme possède femme et enfant, sa piété filiale périclite dans ses instincts de famille ; quand il obtient satisfaction de ses appétits et de ses désirs, sa sincérité périclite dans ses sentiments envers ses amis ; lorsqu'il regorge de dignités et de traitements, sa fidélité périclite dans ses sentiments vis-à-vis de son prince. Les sentiments de l'homme ! Les sentiments de l'homme ! Ils sont excessivement mauvais ; pourquoi m'interrogez-vous sur leur compte ? Il n'y a que chez les sages seuls qu'il n'en est pas ainsi. »

« Dans le *Tchouen*, il est dit : « Si vous ne connaissez pas votre fils, jetez les yeux sur ses amis ; si vous ne connaissez pas votre prince, jetez les yeux sur ses conseillers. Tout résulte du contact chez les hommes [1]. »

Un critique de l'époque de Tang, le célèbre Han-yu [2] essaya de concilier les vues opposées de Mencius et de Siun-tse, en soutenant qu'il existe trois classes d'hommes, la première chez laquelle les bons sentiments l'emportent sur les mauvais, la seconde chez laquelle les mauvais sentiments sont innés, la troisième enfin qui occupe une place intermédiaire entre les deux autres :

« Le naturel, dit-il, se manifeste avec la vie ; les sentiments se produisent par suite du contact des êtres les uns avec les autres. Il y a trois sortes de naturels : le naturel supérieur, le naturel moyen et le naturel inférieur. Le naturel supérieur est foncièrement bon ; le naturel moyen est susceptible d'être dirigé et peut de la sorte devenir ou bon ou mauvais ; le naturel inférieur est foncièrement mauvais. Cinq choses constituent le naturel, savoir : la Bonté, la Justice, la Politesse, la Loyauté et le Savoir. Dans le naturel supérieur, la bonté tient la première place, et les quatre autres vertus sont pratiquées. Dans le naturel moyen, la première de

---

1. On pourra lire avec intérêt la notice entière du philosophe Siun, dont je n'ai pu donner ici que quelques extraits traduits sur le texte original, dans Legge, *Chinese Classics*, t. II, Prolégomènes, p. 82.
2. *Han-yu*, souvent désigné sous le nom honorifique de *Han Wen-koung*, fut l'un des écrivains les plus populaires de la Chine. Il vécut de 768 à 824 de notre ère.

ces qualités ne fait pas défaut, mais il y a de légères tendances à tomber dans le sentiment adverse ; quand aux autres qualités elles existent dans un état confus. Dans le naturel inférieur, il se manifeste le contraire de la bonté et un état en opposition avec les quatre autres qualités.

« Mencius, parlant du naturel, a dit : « Le naturel de « l'homme est bon » ; Siun-tse a dit à son tour : « Le « naturel de l'homme est mauvais » ; Yang-tse a dit enfin : « Dans le naturel de l'homme, le bien et le mal sont mélangés ». Or quand on parle du naturel qui, bon à l'origine, devient ensuite mauvais, ou bien du naturel qui, mauvais à l'origine, devient plus tard bon ; ou bien du naturel qui mêlé de bon et de mauvais à l'origine finit par devenir soit bon, soit mauvais ; dans tous ces cas, on ne s'occupe que du naturel moyen, et on néglige le naturel supérieur et le naturel inférieur. On a raison sur un point et tort sur deux [1]. »

Han-yu montre ensuite que des hommes, tout en ayant reçu de bons principes, ont fini par tourner à mal, tandis que d'autres, élevés dans des foyers de perversion, n'en sont pas moins arrivés à la pratique de la vertu.

Un autre philosophe nommé Meh-tse tenta de remédier à l'insuffisance de l'idée de charité qui se manifeste dans les livres de Lao-tse et de Confucius, en créant la doctrine du *Kien-'aï* ou de l'Amour universel ». Il enseigne que les désordres, dans la société, viennent du

---

1. Voy. le Rév. Griffith John, dans le *North China Branch of the R. Asiatic Society*, et le Dr J. Legge, *Chinese Classics*, t. II, p. 92.

manque de confraternité [1], et qu'en politique il convient d'encourager tout ce qui tend à établir une solidarité affectueuse parmi les hommes. On peut arriver à faire le bonheur du peuple, en fondant la science gouvernementale sur le principe des intérêts mutuels [2]. Il suffit pour obtenir un résultat si désirable qu'un prince éclairé donne à ses sujets le bon exemple de l'économie et du désintéressement. Le duc Wen, de Tsin, n'eut qu'à dire qu'il aimait les vêtements grossiers pour que la foule n'en portât plus d'autres [3].

Parmi les ouvrages taoïstes antérieurs à notre ère, on mentionne encore un livre désigné sur le titre de *Wen-tse*, bien qu'on ne sache pas réellement le nom de son auteur. Ce livre est attribué à un disciple de Lao-tse [4] qui l'aurait composé pour éclaircir les théories de son maître et les développer. Quelques bibliographes ont émis des doutes sur son authenticité, tout en lui attribuant une date antérieure à la dynastie des Tang [5]. Quoiqu'il en soit, il paraît établi que c'est seulement dans les années *tièn-pao* (742 à 756 de n. è.) que parut un recueil intitulé *Toung-youèn tchin King* auquel était attaché le nom de Wen-tse. Mais le texte de ce recueil

---

1. Suivant Tchouang-tse, les intérêts personnels datent du moment où le Tao fut rompu par suite de la naissance du Bien et du Mal. (Balfour, *The Divine Classic*, Excursus, p. XXIII).
2. *Siang-li tchi fah.*
3. Les doctrines de Meh-tse, de Yang-tchou et de Lieh-tse ont été combattues par Mencius, suivant lequel elles menaçaient de replonger les hommes dans la barbarie primitive (C. Puini, *Il Buddha, Confucio e Lao-tse*, p. 395).
4. *Tchou-tse loui-han*, Préliminaires, p. 5.
5. *Sse-kou tsiouen-chou Kien-ming mouh-loh*, livr. XIV, p. 63. — Suivant une note biographique du *Tchou-tse loui-han* (livr. VII, p. 1), Wen-tse avait pour nom de famille *Sin* et pour surnom *Ki-jèn*; mais d'après le Catalogue de la Bibliothèque de l'empereur Kien-loung, (loc. supr. citat.), cette désignation est erronée.

fourmillait de fautes au point de rendre à peine intelligible la pensée de son auteur [1].

Un traité en un livre, relatif à la morale au point de vue taoïste, nous a été transmis sur le titre de *Yin-wen-tse*. Composé sous la dynastie de Tcheou, au IV.ᵉ siècle avant notre ère, on en possède une édition précédée d'une préface par un certain Tchoung-tchang, qui l'aurait écrite vers l'an 226 [2]. Le chapitre le plus célèbre, intitulé *Ta-tao* « le Grand Tao », traite de la nécessité de gouverner suivant la loi morale et non suivant les impulsions de l'intérêt personnel [3].

On cite enfin, parmi les principaux philosophes taoïstes des temps rapprochés du siècle de Lao-tse, un écrivain nommé *Lieou-ngan*, généralement connu sous le nom de *Hoaï-nan tse*. Ce personnage, qui vécut au IIᵉ siècle avant notre ère, était petit-fils du fondateur de la dynastie des Han et prince féodal de Kouang-lin. Très enthousiaste des idées taoïstes, telles qu'elles existaient à son époque, il réunit dans son palais un grand nombre de savants adonnés à l'étude des arts surnaturels, ainsi que des alchimistes préoccupés de la recherche d'un procédé pour la transmutation des métaux et d'un élixir capable de donner l'immortalité. On lui doit un ouvrage en 21 livres intitulé *Houng-lieh tchouèn* [4]. Cet ouvrage, dont le style est fort admiré des Chinois, est déjà profondément empreint des idées

---

1. Carlo Puini, *Il Buddha, Confucio e Lao-tse*, p. 466.
2. *Tchou-tse loui-han*, Préliminaires, p. 7.
3. *Tchou-tse loui-han*, t. VIII, pp. 26 et 44.
4. Comme il n'a été publié jusqu'à présent, dans aucune langue européenne, une traduction de l'œuvre de Hoaï-nan tse, j'ai pensé qu'on ne lirait pas sans intérêt un fragment de son *Tsing-chin hiun*. Je regrette de n'avoir pu insérer le chapitre en entier sans dépasser

mystiques qui devaient aboutir à la création définitive du Taosséisme et à toutes les aberrations caractéristiques de cette prétendue continuation de l'œuvre du philosophe Lao-tse.

La littérature taoïste des temps postérieurs nous est à peu près complètement inconnue ; mais d'après les rares

outre mesure l'étendue qu'il m'est possible de donner ici à une simple note :

1. « Anciennement, lorsque le Ciel et la Terre n'existaient pas encore, je pense que les choses étaient sans formes : ténèbres épaisses, obscurité complète, chaos confus, tristesse immense, brouillard vaporeux, abîme profond, on n'en connait point le caractère.

2. Deux Esprits naquirent indistincts. Ils organisèrent le Ciel et formèrent la Terre. [Ces deux Esprits étaient le principe Femelle et le principe Mâle ; ils naquirent ensemble]. Leur profondeur immense, nul n'en connaît les bornes infinies ; leur expansion extrême, nul ne sait où elle s'arrête.

3. A un moment donné ces deux esprits se divisèrent et devinrent le principe Mâle et le principe Femelle ; ils se séparèrent et devinrent les huit points cardinaux. L'élément fort et l'élément souple, par leur association, créèrent tous les êtres qui prirent forme. Le fluide trouble donna naissance aux animaux inférieurs ; le fluide pur donna naissance à l'homme. De la sorte, l'Esprit subtil devint l'avoir du Ciel, et la charpente osseuse l'avoir de la Terre. L'Esprit subtil entra au Ciel, tandis que la charpente osseuse retourna (en terre) à sa racine. Que me reste-t-il donc après cela ?

4. La sage règle en conséquence sa conduite sur le Ciel, sans se préoccuper du vulgaire, sans se laisser séduire par les hommes. Il prend le Ciel pour père ; il prend la Terre pour mère. Du principe femelle et du principe mâle, il fait son attache principale et se règle sur les quatre saisons.

5. Le Ciel trouve le calme dans la pureté ; la Terre trouve ses assises dans le repos. Si les êtres perdent ces avantages, ils meurent ; s'ils en font leur loi, ils vivent.

6. Or la vastitude du calme est l'habitation des Génies ; le non-être du Vide est la demeure du Tao. De la sorte, si quelqu'un cherche sa règle dans les choses du dehors (objectives), il la perd dans son organisation intime (subjective) ; il y en a, par contre, qui la conservent dans leur organisation intime et qui la perdent dans les choses extérieures. C'est, par exemple, comme l'origine et la fin : si vous procédez en partant de l'origine, mille branches et dix-mille feuilles se succèdent à l'infini.

7. Or l'esprit subtil est ce que l'on reçoit du Ciel ; la forme matérielle est ce qu'on tient de la Terre. On dit, pour ce motif : un a créé deux ; — deux a créé trois ; — trois a créé tous les êtres. [Un, c'est le Tao ; — deux, ce sont les Génies ; — trois, c'est l'essence de l'Harmonie]. Tous les êtres tournent le dos au principe mâle (passif) et embrassent le principe femelle (actif) ; l'essence calme produit (finalement) l'Harmonie.

8. De cette façon, au premier mois se manifeste la substance grasse ;

indications qu'on a recueillies jusqu'à ce jour, il ne semble pas qu'elle ait réalisé aucun progrès sérieux dans le domaine des choses philosophiques. Et quant à ce qui concerne la physique et les sciences naturelles, dans lesquelles elle n'a pas hésité à entreprendre quelques incursions, on peut dire, je crois, qu'elle ne s'est pas montrée plus précise et plus avancée qu'à

au second mois, les excroissances ; au troisième mois, les côtes ; au quatrième mois, la chair ; au cinquième mois, les nerfs ; au sixième mois, les os ; au septième mois, l'accomplissement (du corps) ; au huitième mois, les (premiers) mouvements : au neuvième mois, les mouvements rapides ; au dixième mois, la naissance. La forme et le corps sont ainsi achevés.

9. Les cinq viscères ont alors leur forme. En conséquence, les poumons président aux yeux, [parce qu'ils ont la forme du moineau, emblème du feu qui éclaire] ; la vessie préside au nez [parce qu'elle a la forme d'une tortue, emblème de l'eau, qui est l'essence de l'odorat] ; le fiel préside à la bouche [parce qu'il est l'emblème du courage] ; le foie préside à l'oreille [parce qu'il est l'emblème du métal sonore]. Au dehors se trouve le revêtement extérieur, et au dedans l'organisme intérieur. Il y a des ouvertures et des fermetures (dans le corps), pour rejeter et pour absorber. Chacune a sa fonction. C'est ainsi que la tête, par sa forme globuleuse, est l'image du ciel ; tandis que le pied, par sa forme carrée, est l'image de la Terre.

10. De même que le Ciel a quatre saisons, cinq éléments, neuf séparations (*kiaï*, c'est-à-dire les 4 saisons et les 5 éléments, ou les 4 points cardinaux, leurs 4 points intermédiaires et le centre) et (des années de) trois cent soixante-six jours ; de même l'homme a quatre membres, cinq viscères, neuf ouvertures [sept dans la tête et deux plus bas], et (un système de) trois cent soixante-six jointures (articulations).

11. De même que le Ciel possède le vent, la pluie, le froid et la chaleur ; de même l'homme possède l'absorption et la déjection, la joie et la colère. C'est ainsi que le fiel représente les nuages [le fiel étant l'emblème du métal, qui provient des nues] ; les poumons représentent l'air [parce qu'ils sont l'emblème du feu] ; le foie représente le vent [parce qu'il est l'emblème du bois des arbres qui produisent le vent] ; la vessie est la pluie [parce qu'elle est l'emblème du liquide] ; l'estomac représente le tonnerre. (Tous ces organes) se mettent à l'unisson avec le Ciel et la Terre, et sont placés sous la domination du cœur (qui est l'emblème de la Terre et en conséquence le maître des quatre autres éléments.)

12. Il en résulte que l'oreille et l'œil représentent le soleil et la lune ; le sang et le souffle sont le vent et la pluie. Au milieu du soleil, il y a une pie (oiseau à pattes de jade) ; au milieu de la lune, il y a un crapaud. Quand le soleil et la lune perdent leur voie, ils sont éclipsés et sans éclat. Quand le vent et la pluie ne viennent pas en temps opportun, ils détruisent la vie et causent des malheurs. Quand les cinq constellations perdent leur voie, les pays subissent des calamités. »

l'époque où succomba la dynastie de Tcheou. Il faut néanmoins attendre des nouvelles études de l'orientalisme les renseignements sans lesquels il n'est possible de se prononcer à cet égard qu'avec les plus sérieuses réserves.

IX

LE TAOSSÉISME

On pourrait à la rigueur soutenir que le Taoïsme n'a pas survécu à l'époque de Lao-tse. Cette opinion, toutefois, serait excessive, car il n'est pas impossible de reconnaître, au milieu du fatras spéculatif qui caractérise l'œuvre de la plupart des écrivains de l'École du Tao, des traces d'un travail intellectuel de quelque mérite. Tout ce qu'on peut dire, c'est que, dans les livres de ces écrivains, les idées les plus originales du *Tao-teh King* ont été plutôt amoindries que fortifiées, et qu'aucun d'eux n'a su s'en servir pour jeter les bases d'un système philosophique tant soit peu homogène, encore moins pour en faire le point de départ d'un enseignement religieux. Plusieurs siècles avant l'ère chrétienne, la pensée fondamentale du Taoïsme était déjà dénaturée de fond en comble, maintes fois elle avait subi une alliance bâtarde avec la doctrine des Lettrés, et elle s'était entourée de pratiques de divination et de sorcellerie du plus bas étage. La métamorphose était si complète sous le règne du farouche fondateur de la dynastie des Tsin, au IIIe siècle avant J.-C., que c'est à peine s'il est possible de voir, dans le culte taoïste de ce temps-là, de véritables réminiscences des principes de Lao-tse.

Il m'a donc semblé opportun de ne pas confondre sous une seule et même dénomination la philosophie insuffisante sans doute, mais cependant remarquable à plus d'un titre dont on trouve les rudiments dans le *Tao-teh King* avec ce qu'en ont fait les Chinois des temps postérieurs. J'ai appliqué, en conséquence, le titre de *Taoïsme* à la doctrine de Lao-tse et de ses continuateurs les plus autorisés, et celui de *Taosséisme* au culte pratiqué de nos jours encore par les taossés ou « maîtres du Tao ».

Lou-fah-sse a dit : « En général, les taosséistes font du Tao et de la Teh leur père ; ils prennent les Génies pour leur mère ; la Pureté est leur maître, la Grande Concorde est leur ami [1] ». Cette définition est aussi caractéristique que possible des éléments hétérogènes sur lesquels est fondé le culte des prétendus sectateurs de Lao-tse : on y trouve les deux mots sacramentels qui composent le titre de son œuvre unique le *Tao-teh King*, puis une allusion aux idoles de leur vaste panthéon, puis enfin ces formules vagues et ambigües qui leur ont permis, tout en établissant certaines règles de discipline, de trinquer avec les représentants des autres croyances religieuses plus ou moins solidement enracinées dans le pays.

Une fois l'étiquette portant le nom de *Lao-tse* inscrite sur leur bannière, ils n'ont pas hésité à travestir le personnage qu'ils prétendaient reconnaître pour leur

---

1. *Youèn-kièn loui-han*, l. CCCXIX, p. 1.

maître, à reculer jusque dans les temps les plus lointains la date de son existence, à entourer l'histoire de sa vie de contes merveilleux, et finalement à donner l'apothéose à celui qui, de son vivant, n'avait jamais prétendu s'élever au delà de la condition la plus modeste de philosophe [1].

Plusieurs légendes fabuleuses furent successivement inventées par les taosséistes dans le but d'éblouir la foule ignorante par le récit des prodiges attribués à celui qu'on lui présentait comme le principal initiateur de sa foi et comme son puissant génie tutélaire. Dans quelques-unes de ces légendes, Lao-tse naquit avant le Ciel et la Terre [2]; suivant d'autres, il vécut une première fois au XIVe siècle avant J.-C., une seconde fois trois siècles plus tard, une troisième fois à l'époque de Confucius [3]. Sa vierge-mère le mit au monde après l'avoir porté dans son sein pendant soixante-douze années consécutives. Né avec des cheveux devenus blancs par suite des incessantes méditations qu'il avait faites durant cette longue période de gestation, il reçut le titre de *Lao-tse*, c'est-à-dire « l'Enfant-Vieillard ». Quant à son nom de *Li*, il lui vint de ce que, sachant déjà parler à sa naissance, et ayant vu le jour sous un poirier, il avait dit : « Je veux m'appeler *li*, comme s'appelle cet arbre ». Par la suite, on lui décerna de pompeuses appellations honorifiques, telles que le « Très-Haut », le « Prince de la Porte d'Or »,

---

1. « Il s'est accompli à l'égard de Lao-tse, dit M. Alfred Maury, le phénomène qui eut lieu pour Jésus. On voit Lao-tse dans sa légende, comme Jésus dans le récit légendaire des Évangiles, commander aux esprits, aux anges. » (Dans l'*Encyclopédie moderne*, dirigé par Léon Rénier, t. XXVI, p. 171).
2. Julien, *Le Livre de la Voie et de la Vertu*, p. XXIII.
3. De Groot, *Les fêtes célébrées à Émoui*, p. 720.

le « Vieux-Philosophe neuf fois divin », le « Prince Vieillard », le « Docteur doué d'une grande longévité », etc. Lao-tse, d'ailleurs n'était rien qu'un pur esprit, et la vie dont le Ciel l'avait animé ne ressemblait pas à celle des hommes ordinaires[1]. S'il quitta plusieurs fois le séjour des bienheureux pour descendre sur la terre, c'est dans le but de rectifier les mœurs perverses du monde et d'assurer le calme et le bonheur à l'humanité. Il n'a pas uniquement composé le *Tao-teh King*, mais ni plus ni moins que 930 livres dans lesquels il a fait connaître les neuf ambroisies, les huit pierres merveilleuses, le vin d'or, le suc du jade, l'art de ménager ses forces, de se délivrer du mal et de dompter les démons. Sur les talismans seuls, il a écrit 70 volumes ; le catalogue de tous ses ouvrages a été dressé par les soins des sectateurs du Tao qui les recommandent à la vénération des fidèles.

Une légende nous apprend en outre que Lao-tse avait des dettes lorsqu'il partit pour son dernier voyage dans l'Ouest lointain, et qu'il oublia notamment de payer les gages d'un domestique qui l'avait servi pendant plus de 200 ans. Aussitôt le départ de son maître, le pauvre diable courut en hâte le rejoindre à la frontière pour lui réclamer le solde de son compte ; mais la somme à lui remettre était tellement considérable que le Vieux-Philosophe ne trouva pour l'acquitter que quelques bons conseils accompagnés d'admonestations bien senties ; après quoi il engagea son ancien serviteur à le suivre en qualité de cocher pendant le reste de son voyage. Celui-ci, ayant décliné l'aimable proposition, il ne put retenir

---

1. Julien, *Le Livre de la Voie et de la Vertu*, Préliminaires, p. XXIV.

un mouvement d'impatience et le transforma en un tas de vieux os desséchés. Le garde-barrière, trouvant la punition un peu raide, implora la grâce du misérable ; et comme Lao-tse avait bon cœur, il rendit à la vie le susdit domestique, en l'engageant toutefois à ne pas lui en demander davantage, ce qui fut fait en un clin d'œil et sans plus amples pourparlers philosophiques [1].

Je crois inutile de m'appesantir sur une légende dont je n'ai dit un mot que pour montrer la voie dans laquelle se sont lancés les taosséistes lorsqu'ils ont voulu se servir du *Tao-teh King* pour en faire la base d'une religion populaire. Rien ne leur sembla plus naturel que de transformer le Vieux-Philosophe en thaumaturge et d'entourer son trône céleste de toutes sortes de divinités anciennes et modernes.

Seulement, pour faire accepter une religion, il faut lui adjoindre une morale, et l'œuvre de Lao-tse n'en renfermait que de rares rudiments. La doctrine du maître avait en outre le défaut de ne pas se préoccuper assez de la famille et même de tendre à la désorganiser ; elle reléguait enfin sur un plan trop éloigné le culte des ancêtres si cher aux Chinois. Un moyen bien simple se présenta à l'esprit des taosséistes, auxquels il serait injuste de refuser de larges aptitudes inventives et une adresse indéniable. Il suffisait pour réussir de conclure la paix avec les Lettrés, en acceptant quelques formules empruntées au canon confucéiste. Et comme une métaphysique plus complète que celle des deux grands philosophes rivaux pouvait avoir des

---

1. Julien, *Libr. cit.*, Préliminaires, pass.

chances de succès en Chine, on profita de l'introduction du Bouddhisme pour l'obtenir. Les taosséistes n'hésitèrent pas un instant à s'approprier tout ce qui ne contrarierait pas trop leurs idées dans la doctrine de Çâkya-mouni. Les pratiques du culte et la liturgie bouddhiques obtinrent surtout une grande faveur parmi eux ; et lorsque l'amalgame de Taoïsme, de Confucéisme et de Bouddhisme fut achevé, ils n'hésitèrent pas à soutenir que leur religion bâtarde était égale et même supérieure à celles de leurs concurrents.

En maintes occasions, — il faut le reconnaître, — les taosséistes se sont distingués vis-à-vis de leurs adversaires par des sentiments de tolérance dont il est juste de tenir compte ; mais on a exagéré, ce me semble, le mérite de cette tolérance. Lorsqu'ils se sont sentis forts, l'instinct de domination ne leur a pas fait défaut ; et, plus d'une fois, ils se sont montrés persécuteurs dans toute la force du terme. Ils l'ont été notamment sous le règne de Chi Hoang-ti, l'incendiaire des livres confucéistes, sauf à subir une revanche, lorsque l'empereur mongol Koubilaï ordonna de livrer aux flammes les écrits de leur secte, à la seule exception du vénérable livre de Lao-tse [1].

Il était, à la vérité, difficile qu'il en fut autrement. Le Taosséisme fournissait un instrument bien plutôt propre à abrutir les esprits qu'à rectifier les mœurs et à accroître les intelligences. Il fallait l'employer pour la

---

[1]. Un peu avant la réunion du concile convoqué par Koubilaï en 1286 (Voy. le *Chinese Recorder and Missionary Journal*, de Foutcheou, t. II, p. 64). Suivant quelques auteurs, le livre de Lao-tse lui-même n'obtint pas grâce aux yeux de l'empereur Koubilaï. En tout cas, l'édit incendiaire de ce monarque ne fut pas exécuté. (Voy. mes *Variétés Orientales*, p. 173).

construction d'un vaste édifice religieux, où rien ne manquât pour la commodité et le contentement des dévots. Un clergé fut établi pour le service des temples et l'on mit à sa tête un véritable souverain pontife ; on édifia de tous côtés des monastères. Les prêtres intervinrent dans chacune des circonstances solennelles de la vie domestique : leurs bons offices furent offerts au peuple à la naissance, au moment du mariage et à l'heure de la mort. Une foule de Chinois apprirent à ne plus pouvoir s'en passer. On promit enfin aux adeptes fervents la richesse [1] et le breuvage de la longévité [2].

C'est ainsi que le Taosséisme devint une des religions les plus populaires de la Chine, et que de nos jours encore elle occupe une place dont on ne saurait nier l'importance dans le Royaume du Milieu. Les grossières promesses de ses moines, leurs cérémonies brillantes et théâtrales, tout jusqu'à leurs exorcismes, devait trouver de faciles échos dans les masses. Cela ne signifie point que les Chinois professent une foi bien solide dans l'enseignement taosséiste. Loin de là : ils sont peut-être, parmi les hommes, ceux qui subissent le plus les funestes atteintes de cette maladie corrosive qu'on appelle le scepticisme [3]. L'acceptation volontaire

---

1. Il existe chez les taosséistes un adage qui a circulé également dans notre vieille Europe et suivant lequel il est plus facile de fabriquer l'or que de le détruire « facilius est aurum facere, quam destruere » (Ion. Ionston, *Naturæ constantia*. Amsterdam, 1632, p. 81).
2. Plusieurs souverains Chinois ont cru à la possibilité de découvrir un tel breuvage (voy. plus haut, chap. IV), et quelques-uns d'entre eux ont, dès leur jeunesse, compromis une santé florissante par l'absorption de liquides recommandés par les taossés. On prétend, qu'il entrait, dans la composition de ces liquides, du pavot et de l'agaric (Castéra, *Voyage dans l'intérieur de la Chine*, de Lord Macartney, t. IV, p. 302). — Lao-tse avait écrit : « Augmenter la durée de sa vie, n'est pas un bonheur » *Tao-teh King*, ch. LV).
3. « A l'époque des Tang, dit le marquis d'Hervey de Saint-Denys,

de l'absurde, en matière religieuse, ne peut manquer d'aboutir à un pareil résultat.

Suivant les intérêts du moment et les dispositions plus ou moins favorables de la foule ignorante, le Taosséisme se montra tour à tour d'une extrême rigidité de principes ou d'une complaisance sans égale. Aux époques de réaction intellectuelle, il fit également des efforts pour se mettre au niveau de la mode : il s'affirma libéral et progressif à certaines heures. Aux époques de critique durant lesquelles tout était remis en question, les dogmes comme le reste, le Taosséisme puisa dans les philosophies de Lao-tse, de Confucius et de Çâkya-mouni de quoi fournir un aliment au besoin de discussion et d'exégèse des esprits cultivés : il se vit contraint de se livrer à l'étude, de réfléchir, de calculer ses forces, d'expérimenter ses engins. C'est ainsi que put s'accomplir parfois chez les taoïstes une certaine somme de travail intellectuel. Le travail intellectuel procure toujours quelques fruits. Même au fond des ornières où il s'était vautré complaisamment pendant des siècles, le Taosséisme profita de la sorte de ces lueurs lumineuses qui sont la récompense certaine de la recherche et de la méditation.

C'est alors que la religion fondée sur la philosophie de Lao-tse fit plus que jamais des emprunts à la grande doctrine indienne qui s'était établie à ses côtés. L'ascé-

la Chine n'était pas plus bouddhiste qu'elle n'était mahométane ou chrétienne. Le scepticisme y régnait dès lors, comme il y règne universellement aujourd'hui (*Poésies de l'époque des Tang*, Introduction, p. XXXVIII).

tisme bouddhique, par exemple, remplaça presque complètement l'ascétisme taoïste, dont l'économie était moins parfaite, moins bien comprise. Les croyances relatives à la vie future et à la métempsycose se montrèrent de plus en plus conformes à la manière de voir de l'École du bouddha indien. On enseigna que la retraite dans les montagnes était favorable à l'obtention du salut et qu'elle transformait ici-bas les hommes en *sièn*, c'est-à-dire en montagnards immortels. Puis on parla de la vie astrale réservée aux saints [1]. On imagina enfin une morale tirée de plusieurs sources hétérogènes et dans laquelle on trouve le plus étonnant mélange d'idées généreuses et d'insanités de bas étage. « Si l'on manque en Europe de mémoires sur la faiblesse humaine, les entêtements des sectaires, les fureurs de l'esprit de parti, les délires de la crédulité, les ridicules de la prévention, l'alliage inconcevable de la folie, de la vertu et du vice, écrivait de Chine un missionnaire qui fut à la fois un profond érudit et un écrivain français de premier ordre [2], on a raison de vouloir connaître les taossés. Leur doctrine et leurs mœurs touchent à la fois au sublime et à la démence, à l'héroïsme des vertus et aux vices les plus abjects. »

Avec un tel désordre intellectuel et en l'absence de discipline dans leur prétendue culture de la philosophie de Lao-tse, le Taosséisme ne devait nécessairement aboutir qu'à la culture des théories les plus fausses et les plus abrutissantes. Aux enseignements sévères qu'il

---

1. De Groot, *Les fêtes célébrées à Émoui*, pp. 696, 706 et 749.
2. Le P. Amiot, dans les *Mémoires concernant les Chinois*, t. V, p. 56.

avait en majeure partie empruntés au Bouddhisme, succéda bien vite la prédication d'une loi commode, exempte d'austérités et de sacrifices, mise à la portée de tous les goûts, de toutes les intelligences [1] : il y eut, là comme ailleurs, des accomodements avec le Ciel et des transactions avec ses ministres. Lao-tse avait dit que le bonheur consistait à s'affranchir des soucis et des inquiétudes. L'interprétation de ce précepte était bien simple : pour n'avoir ni soucis, ni inquiétudes, rien de mieux que de devenir riche. Il faut donc rechercher la fortune ; et pour l'obtenir, rien de mieux que de s'adresser aux prêtres qui ont l'art de fabriquer l'or artificiellement ! Grâce à leurs leçons, on pourra atteindre à un but si désirable, tout en travaillant à la conquête des passions par des jeûnes, des offrandes et par l'emploi d'amulettes ou de talismans mis en vente dans les monastères. Le grand art consiste à se rendre digne de la faveur des prêtres. Les prêtres ont, en outre, les moyens de délivrer les pauvres créatures des influences néfastes et des persécutions que peuvent leur faire subir les mauvais génies et les diables. Il faut donc avoir recours à leurs exorcismes qui sont efficaces pour rendre captifs les esprits infernaux les plus rebelles et les plus épouvantables.

Les prêtres taoïstes donnent aux croyants l'exemple d'une manière de vivre aussi agréable que possible. Il est certainement très louable de se faire anachorète,

---

1. Certaines sectes bouddhiques ont également imaginé une « religion commode ». Voyez à ce sujet la curieuse notice de M. S. Motoyosi sur l'école de Sin-siou, dans le *Lotus*, publié par la section des Religions comparées de la Société d'Ethnographie, t. I, 1891, p. 25).

mais ce procédé n'est pas nécessaire pour atteindre à la béatitude. On peut être prêtre séculier ou prêtre ascétique [1]. Il n'y a aucun inconvénient à participer, dans une mesure raisonnable, aux charmes de la vie mondaine. Les ministres du culte peuvent se marier et jouir des joies de la famille. On se borne, dans ce cas, à dire qu'ils habitent « dans le feu [2] ». Avec un peu d'attention, il est facile de ne pas s'y brûler. Rien ne s'oppose d'ailleurs à ce qu'on soit à la fois bouddhiste, confucéiste et taosséiste, pourvu qu'on se montre également généreux envers les ministres de tous ces cultes. Chaque Chinois, même l'Empereur, revêt dans une certaine mesure ce triple caractère [3].

De la sorte, les taosséistes sont parvenus à plonger dans l'empire chinois de nombreuses et profondes racines. Ils doivent en partie leur incroyable succès à des pratiques de magie qui ont leur point de départ dans Tchi Soung-tse, et dont on trouve le développement dans les œuvres de Weï Peh-yang, Siou-che, Li Chao-kiun et autres. Ces pratiques sont aujourd'hui fort en honneur, comme elles l'ont été aux époques les plus florissantes de la domination religieuse du Taosséisme. Leurs prêtres font usage, à la fin du XIXe siècle, d'un vaste système d'incantation et de sortilèges qui a commencé à être mis en pratique par leur fameux pontife Tchang Tao-ling et qui s'est continué par l'intermédiaire de Keou Kien-tche jusqu'à nos jours [4].

---

1. De Groot, *Les fêtes célébrées à Émoui*, p. 704.
2. Morrison, *View of China*, 1817, p. 113.
3. De Groot, *Libr. citat.*, p. 706.
4. Alex. Wylie, *Notes on Chinese Literature*, p. 173 ; Carlo Puini, *Il Buddha, Confucio e Lao-tse*, p. 453.

En résumé, le Taosséisme est une religion de bas aloi, fondée sur une philosophie dont il n'a pas su comprendre le développement possible et la portée. Il ne s'est guère proposé d'autre but, a dit le professeur Severini, que de perpétuer le faible souffle de la vie ; et, au milieu de ses disputes oiseuses sur les devoirs du citoyen, il n'a pas possédé une ombre de ces bonnes qualités qui font que l'homme est utile à l'homme [1]. Le pape actuel des taoïstes, écrit M. Balfour, représente un des systèmes de foi les plus dégénérés du monde entier, et les promesses que le Taoïsme avait faites et n'a pas tenues ont été remplies par le Bouddhisme. Il faut malheureusement constater que l'alliance des deux religions n'a pas été féconde et n'a guère eu d'autre résultat que de faire dégénérer la loi indienne [2].

Et cependant le Taosséisme compte encore un nombre considérable d'adeptes. Par le fait du contact désormais quotidien des Européens et des Chinois, et malgré la prodigieuse résistance à l'assimilation qui caractérise ces derniers, une telle croyance ne saurait survivre longtemps à l'assaut des idées de critique qui sapent d'une manière si terrible des religions bien autrement rationelles et civilisatrices. Lorsque les procédés de la science moderne seront mieux connus des riverains du fleuve Jaune, on demandera peut-être, dans l'antique patrie des Han, à l'exégèse et à la méthode dite ésotérique les moyens de découvrir dans le livre de Lao-tse et dans ceux de

---

1. Ant. Severini, *Tre religioni giudicate da un Cinese*, pp. 14-15.
2. *The Divine Classic of Nan-hua*, pp. xxix et xxxi.

ses prétendus successeurs les rudiments d'une philosophie nouvelle, en rapport avec les exigences de notre époque. Si la manière de voir des Chinois était la même que celle des Japonais leurs voisins, il se produirait certainement avant peu un essai de restauration de la vieille doctrine nationale de la Chine. Il est évidemment préférable qu'une telle tentative n'ait pas lieu, car il n'y a guère à supposer qu'elle puisse aboutir à quelque chose d'utile. Peut-être préférera-t-on profiter des analogies du Taoïsme avec le Bouddhisme pour amener les derniers taoïstes à adopter définitivement la foi de Çâkya-mouni. Le temps apportera seul à cette question une réponse qu'il serait difficile de formuler aujourd'hui. Ce qui paraît probable, c'est que l'église du successeur de Tchang Tao-ling se verra bientôt contrainte de s'associer dans une mesure plus ou moins large au mouvement réformateur de l'esprit moderne. Elle se transformera d'une manière ou d'une autre, ou elle sera condamnée à disparaître. On ne garde pas éternellement des diables enfermés dans des jarres de terre, comme il s'en trouve en ce moment à la porte du souverain pontife des taossés : le progrès moderne se chargera bien de les en faire sortir.

TABLE DES MATIÈRES

	Pages
Préface	v
Introduction	1
I. — LES ORIGINES DU TAOÏSME	4

Si les grandes idées sont des créations individuelles ou la résultante d'un travail collectif. — Lao-tse considéré comme fondateur du Taoïsme. — Hypothèse suivant laquelle Lao-tse aurait eu connaissance du Bouddhisme. — Réminiscences de la *Bible* et révélation anticipée de Dieu aux anciens Chinois. — La présence du mot « Jéhovah » dans le *Tao-the King*. — Lao-tse contemporain de Pythagore. — Si Lao-tse a eu des précurseurs. — Ce qu'on sait de la Chine antérieure au VIIe siècle avant notre ère. — Expurgation des anciens livres chinois par Confucius. — Déclarations à cet égard du grand historiographe Sse-ma Tsièn et de l'annaliste Ngeou Yang-sieou. — Le Chou-king et sa mutilation. — Littérature taoïste antérieure à Lao-tse. — La religion première des Chinois. — Le *Yih-king* et son caractère différent de celui des autres *King*. — Polythéisme antique de la Chine. — Le mythe de Pan-kou et le Tao. — Le *Taï-yih* et les *San-tsaï*. — Le *Chang-ti* représente-t-il la personnification suprême d'un monothéisme dans la haute antiquité chinoise ? — Difficultés d'identification du mot *Chang-ti* avec le mot « Dieu ». — Les Génies des montagnes, des rivières et des arbres. — Les *Chin* et les *Siên*. — L'idée de « Génie » et le Dualisme. — Le *Chang-haï King*. — Caractère du polythéisme officiel de la Chine. — Transmigration des âmes et métamorphoses. — Le *Yin-fou King*. — Hoang-ti considéré comme précurseur des idées taoïstes. — Le rêve de Hoang-ti et son Voyage au pays de Hoa-Siu. — Tchouang-tse et l'apologue du Voyage de la Pensée au Nord. — Les anciens auteurs cités par Lieh-tse et par Tchouang-tse. — La Chine, au VIIe siècle avant notre ère, cherchait une voie nouvelle. — L'apparition de Lao-tse. — Puissance des aperceptions de ce philosophe. — Insuffisance du milieu où il vécut.

Pages.

II. — LA VIE DE LAO-TSE 27

Existence réelle de Lao-tse. — La notice biographique du grand historiographe Sse-ma Tsièn. — Ses différents noms. — L'époque et le lieu de sa naissance. — La visite de Confucius à Lao-tse. — Entretien des deux philosophes. — Lao-tse se démet de sa charge et part en voyage dans la direction de l'Ouest. — Son entrevue avec le garde de la frontière. — On ignore où il termina son existence. — La légende relative aux voyages de Lao-tse dans l'Ouest lointain. — Indications biographiques contenues dans les écrits de Lieh-tse et de Tchouang-tse. — Entretien de Lao-tse avec Yang Tse-kiu. — Extrait du *Nan-hoa King*. — La chose la plus importante au monde. — Visite de Confucius à Lao-tse, alors que ce dernier était âgé de 106 ans. — Lao-tse finit par se mettre d'accord avec Confucius. — Entretien du vieux philosophe avec un personnage nommé Peh-kiu.

III. — LE TEXTE DU TAO-TEH KING ET SON HISTOIRE 41

Insuffisance actuelle des indications bibliographiques. — L'ouvrage de Lao-tse n'a pas été détruit lors de l'incendie des livres sous le règne de l'empereur Tsin-chi Hoang-ti. — La doctrine de Lao-tse encouragée par ce prince. — Le *Tao-teh King* paraît avoir disparu vers l'époque de l'avènement des Han. — Il avait reparu en tout cas, dès le milieu du IIe siècle avant notre ère. — Le texte de Ho-chang Koung et les incertitudes sur son authenticité. — Le titre de l'ouvrage de Lao-tse. — Les indications de Sse-ma Tsièn à cet égard. — Titre des anciens manuscrits. — A quelle époque le livre de Lao-tse reçut le titre de *King*. — Des divisions du *Tao-teh King*; à qui on les attribue. — Nombre variable des chapitres de l'ouvrage. — Combien il y avait de signes chinois dans le texte original. — Conséquences fâcheuses d'un passage mal compris des *Mémoires* de Sse-ma Tsièn. — Suppression arbitraire d'un certain nombre de signes. — Causes des obscurités souvent inextricable du *Tao-the King*. — Notice des plus vieux manuscrits. — Le texte officiel de Loh-yang. — Non conformité des anciens textes. — Les variantes. — L'édition princeps du livre de Lao-tse. — Le *Lao-tse Yih*. — Emploi de la prose scandée et des rimes dans le *Tao-teh King*. — Inscription dite du Grand-Yu, composée en vers. — Motif de l'emploi des vers pour de tels écrits. — Les jeux de mots. — Le *Tao-teh King* peut-il être interprété de plusieurs façons différentes? — Obscurités du langage philosophique en général, et tout particulièrement du langage philosophique chinois. — La traduction de Julien et celles qui ont été publiées plus tard. — Une nouvelle traduction du *Tao-teh King* est désirable. — Conditions nécessaires pour que cette nouvelle traduction constitue un progrès réel en sinologie.

IV. — LES COMMENTATEURS DE LAO-TSE 65

Les obscurités du *Tao-teh King* et les explications traditionnelles de ce livre. — Nombreux commentateurs chinois. — Temps écoulé entre la composition de l'ouvrage et son premier commentaire. — Lao-tse n'a pas eu de disciples. — L'épo-

TABLE DES MATIÈRES

Pages.

que de Tsin-chi Hoang-hi a-t-elle été favorable à la conservation du sens original du *Tao-teh King* ? — La renaissance des lettres sous les Han. — L'œuvre de Wang-pi au IIIᵉ siècle de notre ère. — L'édition de Ho-chang Koung. — Introduction du Bouddhisme en Chine. — Influence de la Bonne-Loi sur l'esprit religieux en Chine. — En quoi consistent les affinités du Taoïsme et du Bouddhisme. — L'idée du « vide ». — Le commentaire de Sou Tse-yeou. — Traduction de la postface de Sou Tse-yeou. — Les Taoïstes chinois n'ont pas compris grand'chose au Bouddhisme.

V. — LA DÉFINITION DU TAO 83

C'est sur l'idée du Tao que repose l'ensemble du système de Lao-tse. — Difficulté de traduire le mot *Tao*. — Les discussions des anciens missionnaires catholiques sur les emprunts que les anciens auteurs chinois auraient fait à la *Bible*. — Premières notions de la doctrine de Lao-tse introduites en Europe. — Le Tao identifié au Logos de l'École platonicienne. — Opinion de Pauthier, premier traducteur de *Tao-teh King*. — Les critiques de Julien. — Explication du mot *Tao* dans les ouvrages des orientalistes plus récents. — Toutes les définitions pivotent autour d'une même idée. — Éléments qui entrent dans la composition du signe chinois qui exprime le Tao. — Explication du mot par les principaux lexicographes indigènes. — Définition donnée par Lao-tse dans le XXVᵉ chapitre de son livre. — Le Tao dans le premier chapitre du *Tao-teh King*. — Essai de traduction de ce chapitre. — L'idée de Dieu dans l'œuvre de Lao-tse. — Le dualisme et la conception trinitaire. — Aperception vraie de l'idée monothéiste. — Le motif de la création. — Idée du Védanta brahmanique. — Le Non-Être dans le Taoïsme primitif.

VI. — LA PHILOSOPHIE DE LAO-TSE 103

Répugnance des Chinois pour les recherches de l'ordre spéculatif. — Aucune religion n'a parlé du créateur avec autant de sobriété de langage que le Taoïsme. — Le Bouddhisme lui-même a imaginé un firmament peuplé de personnifications fantastiques et théâtrales. — Le *natura non facit saltus* et l'existence d'êtres supérieurs aux hommes. — Cosmogonie taoïste primitive. — Du Dualisme sort l'Harmonie. — Le *Taï-kih* et la création du monde. — Le Taï-ki, le Tao, le Chang-ti et le Pan-kou. — Le problème de la Destinée. — Lao-tse ne laisse guère concevoir des espérances d'outre-tombe. — Les instructions de Confucius ont seulement trait à la vie présente. — La récompense du bien est donnée en ce monde. — Lao-tse n'a pas suffisamment pressenti la continuité de l'âme. — Ses prétendus sectateurs ont cru à la possibilité d'obtenir l'immortalité du corps. — Existence de deux âmes différentes. — Théorie relative à ces deux âmes. — Explications données par les dictionnaires chinois indigènes. — Retour des êtres au Tao constituant la faculté du mouvement. — Usage des nombres sous une forme sacramentelle. — La « sortie » et « l'entrée ». — Les treize assesseurs de la vie. — Indifférence pour les choses du monde. — Analogies avec le Nirvâna bouddhique. — Moyens d'arriver à la Connaissance.

178   LE TAOÏSME

Pages.

VII. — LA MORALE ET LA POLITIQUE DU TAO-
TEH KING..................................... 119

Retour de l'homme à l'état de nature. — Le souverain bien est le calme de l'âme. — Perfection de l'homme primitif. — Dans quel cas cette hypothèse est logique. — La théorie du retour de l'homme à l'état de nature est une négation du progrès. — Correctifs possible. — L'instinct et la conscience. — Lao-tse condamne le travail de la pensée. — Rien n'existe que par le fait de son antinomie. — Le criterium de la certitude. — Le γνῶθι σεαυτόν. — L'indifférence suprême. — Les désirs. — La cause de nos malheurs vient de ce que nous avons un corps. — Nécessité de se dégager des influences de la forme. — L'amour est relégué sur un second plan — Le calme de Lao-tse. — Si Lao-tse a entrevu la grande notion de la charité? — L'idée de faire le bien sans espoir de rémunération. — L'historien Joinville et le roi Louis IX à Saint-Jean d'Acre. — Le désintéressement et l'hypocrisie. — Le P. Didon et l'enseignement religieux de la mansuétude. — Rendre le bien pour le mal ; désaccord de Lao-tse et de Confucius à cet égard. — Extinction de la sensibilité. — Ce qu'il faut entendre par « sensibilité », dans le Taoïsme et dans le Bouddhisme. — Le Non-agir. — Caractère du saint homme suivant Li Sih-tchaï. — Opinion de Lao-tse contre le style et l'éloquence. — Aspect extérieur du sage, son attitude. — La question de la famille. — La Piété filiale. — Devoirs de l'homme appelé à gouverner les autres. — Horreur de la science. — Défense de s'instruire et de voyager. — Lao-tse condamne la guerre. — Un général vainqueur prend le deuil à l'issue de sa victoire. — Système anarchique de Lao-tse ; son sentiment sur les institutions royales de son temps. — Lao-tse, comme Bouddha et Jésus, est communiste. — La propriété est le vol. — Contre la multiplicité des lois. — Les rites et la courtoisie n'aboutissent qu'à masquer les mauvais sentiments du cœur. — Importance du cérémonial, suivant Confucius. — La Chine n'a jamais cessé de s'y soumettre. — Conséquences pour la civilisation chinoise.

VIII. — LES SUCCESSEURS IMMÉDIATS DE LAO-
TSE... 139

Confucius s'est identifié avec la nation chinoise, tandis que Lao-tse est resté seul, incompris. — Quelques écrivains taoïstes ont donné preuve après lui d'une certaine valeur philosophique. — Insuffisance de nos indications relatives à la bibliographie taoïste. — Le *Kouan-yin-tse*. — L'œuvre de Lieh-tse. — L'œuvre de Tchouang-tse. — Entretiens de Confucius et de Lao-tse. — La règle politique des saints empereurs de l'antiquité chinoise n'aboutit qu'à faire naître le désordre dans la société. — Inutilité des *King*. — Doctrine du Non-agir. — Manière de voir avec les oreilles et d'entendre avec les yeux. — Le seul sage sera un homme qui viendra dans les pays occidentaux. — On a vu l'annonce du Messie dans ce passage. — Fable grossière et enfantine. — Le *Siao-yao-yeou* de Tchouang-tse. — Lieh-tse prétendait ne dépendre de rien. — Théories darwinistes de Lieh-tse. — Les grenouilles sont des cailles. — Le Non-Être produit l'exis-

Pages.

tence. — L'énigme de notre fin. — Les préséances parmi les hommes. — Éloge de l'Inaction. — L'idée de Dieu unique énoncée par Tchouang-tse. — Croyance à l'immortalité de l'âme. — Extrait de Lieh-tse. — Citation du livre de l'empereur Hoang-ti. — Luttes des idées taoïste et confucéiste. — Si la nature de l'homme est foncièrement bonne ou mauvaise. — Opinion de Meng-tse et de Siun-tse. — Traduction d'un passage du livre de Yang-tse sur ce sujet. — Le philosophe Hoaï-nan tse. — Traduction d'un passage de son *Tsing-chin-hiun*. — Physique et histoire naturelle de son époque.

LE TAOSSÉISME 161

La pensée de Lao-tse dénaturée de fond en comble. — Divination et sorcellerie. — *Taoïsme* et *Taosséisme*. — Définition de Lou-fah-tse. — Étiquette du nom de Lao-tse et son travestissement. — Apothéose de Lao-tse. — Sa légende fabuleuse. — Sa vierge-mère le garde 72 ans dans son sein. — Ses titres honorifiques. — Ses divers voyages sur la terre. — Ses nombreux écrits en dehors du *Tao-teh King*. — Dettes de Lao-tse. — Au lieu de payer les gages d'un domestique qui l'avait servi pendant plus de 200 ans, il se métamorphose en un tas de vieux os. — Procédés des taosséistes pour se faire de nombreux adeptes. — Emprunts au Bouddhisme. — Tolérance et ruse des taosséistes. — Abrutissement des intelligences. — Bons offices des prêtres. — Cérémonies brillantes. — Exorcismes. — Variation du Taosséisme suivant les besoins du moment. — Opinion du P. Amiot sur les taossés. — Théories abrutissantes. — Accomodement avec le Ciel. — Le devoir est de devenir riche. — Les prêtres enseignent le moyen de se procurer de l'or. — Vie confortable du clergé. — Jouissances de la vie mondaine. — Il est licite d'être à la fois taosséiste, confucéiste et bouddhiste pourvu qu'on ait de l'argent et qu'on soit généreux. — La magie. — Tchi Soung-tse et les œuvres de ses continuateurs. — Incantations et sortilèges encore en usage de nos jours. — Le pape actuel des taosséistes. — Appréciation de la doctrine actuelle. — Grand nombre d'adeptes. — Transformation nécessaire du Taosséisme. — Diables renfermés dans des jarres de terre. — Comment ils en sortiront.

FIN.

Baugé (Maine-et-Loire) — Imprimerie Daloux.

ERNEST LEROUX, ÉDITEUR
28, RUE BONAPARTE, 28

DU MÊME AUTEUR :
(Sous presse)

FEUILLES DE MOMIDZI
Un beau volume in-8

Mgr BIGANDET
Vie ou légende de Bouddha et Notice sur les moines Birmans. Traduits par V. Gauvain, lieutenant de vaisseau. In-8........ 10 fr. »

CHAVÉE
La Science des religions. In-18. 2 fr.

J. DARMESTETER
Professeur au Collège de France.

L'Avesta, traduction et commentaires. 2 vol. in-4... 40 fr. »
Le Mahdi, depuis les origines de l'Islam jusqu'à nos jours. In-18. 2 fr. 50

DE GROOT
La religion populaire des Chinois. Les fêtes annuellement célébrées à Emoui (Amoy). Traduit par Chavannes. 2 vol. in-4, illustrés. 40 fr. »

HŪ (Fernand)
Le Dhammapada, traduit en français. In-18........ 5 fr. »

LAFFITE (Pierre)
Les grands types de l'humanité. Moïse, Manou, Bouddha, Mahomet, etc. 2 vol. in-8. 15 fr. »

LEFÈVRE (André)
Religions et Mythologies comparées. In-18............ 4 fr. »

L. DE MILLOUÉ
Le Bouddhisme, son histoire, ses dogmes, etc. In-8.. 1 fr. 50
Histoire des Religions de l'Inde. In-18, illustré........ 3 fr. 50

Aperçu de l'histoire des religions des peuples civilisés. In-18. 1 fr. 50
Le Bouddhisme dévoilé. In-18. 3 fr.

Paul PIERRET
Conservateur du Musée Égyptien du Louvre.

Le Panthéon Égyptien. In-8, illustré de 75 dessins originaux. 10 fr. »

J. RÉVILLE
La religion à Rome sous les Sévères. In-8............ 7 fr. 50

Léon DE ROSNY
Le Livre canonique de l'antiquité Japonaise. Histoire des Dynasties divines, traduite sur le texte original. 3 parties in-8. 30 fr. »
I. La Genèse. — II. Le Livre du Soleil. — III. L'Exil.
Les Peuples Orientaux connus des anciens Chinois. In-18, avec cartes............ 5 fr. »
La Civilisation Japonaise. In-18. 5 fr. »

Em. DE SCHLAGINTWEIT
Le Bouddhisme au Tibet, traduit de l'anglais par L. de Milloué. In-4 avec 48 planches. 20 fr. »

SOUBHADRA BHIKSHOU
Catéchisme Bouddhique, traduit en français. In-18..... 2 fr. 50

C.-P. TIELE
Manuel de l'histoire des Religions. Esquisse d'une histoire des religions jusqu'au triomphe des religions universalistes, traduit par Maurice Vernes. In-18. 5 fr. »

Baugé (Maine-et-Loire), imp. Daloux.

www.ingramcontent.com/pod-product-compliance
Lightning Source LLC
Chambersburg PA
CBHW051920160426
43198CB00012B/1967